VIRGINIA WOOLF

KENDİNE AİT BİR ODA

Can Modern
Kısa Modern / 28

Kendine Ait Bir Oda, Virginia Woolf
A Room of One's Own

İlk baskı: Hogarth Press, 1929
Bu kitapta kaynak alınan baskı: Penguin Books, 2005.

1. basım: 2021
5. basım: Nisan 2024, İstanbul
Bu kitabın 5. baskısı 2 000 adet yapılmıştır.

İngilizce aslından çeviren: Berrak Göçer
Dizi editörü: Şirin Etik
Editör: Çiçek Eriş
Düzelti: Burçin Gönül
Mizanpaj: Atahan Sıralar

Kapak tasarımı: Utku Lomlu / Lom Creative (www.lom.com.tr)

Baskı ve cilt: BPC Matbaacılık San. ve Tic. A.Ş.
info@bpcmatbaacilik.com.tr
Sertifika No:48745

ISBN 978-975-07-4379-5

CAN SANAT YAYINLARI
YAPIM VE DAĞITIM TİCARET VE SANAYİ A.Ş.
Maslak Mah. Eski Büyükdere Cad. İz Plaza Giz, No: 9/25, Sarıyer / İstanbul
Telefon: (0212) 252 56 75 / 252 59 88 / 252 59 89 Faks: (0212) 252 72 33
canyayinlari.com
yayinevi@canyayinlari.com
Sertifika No: 43514

VIRGINIA WOOLF

KENDİNE AİT BİR ODA

Deneme

İngilizce aslından çeviren: Berrak Göçer

can

VIRGINIA WOOLF, 1882'de Londra'da, şehrin edebiyat ve yayıncılık dünyasına kökten bağlı bir ailede doğdu. Çocukluğu ve gençliği önce Hyde Park yakınlarında, annesinin ölümünden sonra da ailenin Bloomsbury'de taşındığı evde geçti. Küçük yaştan itibaren yazan Woolf, 1905'te edebiyat eleştirileri yazmaya başladı. İlk romanı *Dışa Yolculuk*'u 1915'te yayımladı. Beş yıl öncesinde evlendiği Leonard Woolf'la 1917'de Hogarth Press'i kurdular. Kendi yazdığı ve çevresindeki yazarlara ait kitaplar bu yayınevi tarafından yayımlandı. *Gece ve Gündüz* (1919) ve *Jaçob'un Odası*'ndan (1922) sonra *Mrs. Dalloway* (1925) ve *Deniz Feneri* (1927) gibi modern edebiyatın en güçlü romanlarından birkaçını ustalaştığı "bilinç akışı" tekniğiyle kaleme aldı. Cambridge Üniversitesi'nde verdiği bir dizi konuşmadan yola çıkarak yazdığı *Kendine Ait Bir Oda*, cinsiyet eşitliği ve medeni haklar konusundaki en önemli yapıtlardan biri oldu. Kendisinin ve kocasının da kurucu üyeleri olduğu Bloomsbury Grubu toplumsal cinsiyet ve cinsel yönelim konularında özgürlük yanlısıydı. Woolf'un da Vita Sackville-West'le uzun ve tutkulu bir ilişkisi oldu. Bu düşüncelerini cisimleştirdiği *Orlando* (1928), üslubu kadar konusuyla da Virginia Woolf'un en yenilikçi ve devrimci eserlerindendir. Olgunluk dönemindeki diğer yapıtları arasında *Dalgalar* (1931), *Yıllar* (1937) ve *Üç Gine* (1938) sayılabilir. Hayatı boyunca ruhsal ve bedensel hastalıklarla mücadele eden Woolf, 1941'de intihar etti.

BERRAK GÖÇER, 1986'da İstanbul'da doğdu. 2007'de New York Üniversitesi Medya, Kültür ve İletişim Bölümü'nden mezun oldu. Kitap editörlüğü, edebiyat ve kültür sitesi editörlüğü, çevirmenlik gibi çeşitli görevler üstlendiği yayın hayatını *The Art Newspaper Türkiye*'nin genel yayın yönetmenliğini yaparak sürdürüyor. Çevirilerinin arasında *Kaygılarımızın Kışı* (John Steinbeck), *Paris ve Londra'da Beş Parasız* (George Orwell), *Biz Hep Şatoda Yaşadık* (Shirley Jackson), *Gurur ve Önyargı* (Jane Austen), *Bul Beni* (André Aciman), *Kendine Ait Bir Oda* (Virginia Woolf) ve *Kayıp Şehrim* (F. Scott Fitzgerald) sayılabilir.

www.koltukname.com

1[1]

Ama, diyeceksiniz belki de, biz senden kadınlar ve kurmaca üstüne konuşmanı istemiştik, bunun kendine ait bir odayla ne ilgisi var? Açıklamaya çalışacağım. Benden kadınlar ve kurmaca üstüne konuşmamı istediğinizde bir nehrin kıyısına oturup kelimelerin anlamını sorgulamaya başladım. Sadece Fanny Burney hakkında bir çift söz anlamına gelebilirler, Jane Austen üzerine de birkaç cümle, Brontë'lere methiyeyle Haworth papaz evinin karlar altındaki halinin betimlemesi, mümkünse Miss Mitford'la ilgili nükteli birkaç kelime, George Eliot'a saygılı bir gönderme, Mrs Gaskell'ı anma, işte bu kadar. Ama üstünde biraz durunca kelimeler bana o kadar basit gelmedi. Kadınlar ve kurmaca başlığı, kadınlar ile kadınların neye benzediği anlamına gelebilir, başlığı bu anlamda kullanmış olabilirsiniz; kadınlar ile yazdıkları kurmaca metinler anlamına gelebilir; kadınlar ile haklarında yazılan kurmaca metinler anlamına gelebilir; öte yandan üçünün ayrılmaz bir şekilde iç içe geçtiği anlamına gelebilir, siz de konuyu bu

1 Bu deneme, Ekim 1928'de Newnham College'taki Arts Society (Sanat Topluluğu) ile Girton College'taki Odtaa Society'de (One Damn Thing After Another [Her Şey Üst Üste Geliyor Topluluğu]) okunan iki metne dayanmaktadır. Tamamı okunamayacak kadar uzun olan metinler daha sonra değiştirilip genişletildiler.

açıdan ele almamı istiyor olabilirsiniz. Ama kadınlar ve kurmaca başlığını bana en ilginç gelen bu son açıdan değerlendirmeye başlayınca bunun büyük bir sakıncası olduğunu fark ettim. Asla bir sonuca varamayacaktım. Bir konuşmacının esas görevi saydığım görevi yerine getiremeyecek, size bir saatlik söylevin sonunda defterinizin arasına sıkıştırıp şöminenin üstünde sonsuza dek sergileyebileceğiniz saf bir gerçeklik cevheri sunamayacaktım. Tek yapabileceğim, küçük bir konudaki fikrimi iletmekti: Bir kadının kurmaca yazabilmek için paraya ve kendine ait bir odaya ihtiyacı vardır – bu da göreceğiniz gibi kadının gerçek doğası ile kurmacanın gerçek doğasına dair büyük bir meseleyi çözümsüz bırakıyor. Bu iki soruya yanıt bulma görevinden kaçındım – kadınlar ve kurmaca en azından benim nazarımda henüz çözülmemiş sorunlardır. Ama kendimi affettirmek adına oda ve parayla ilgili görüşüme nasıl vardığımı göstermek için elimden geleni yapacağım. Bu sonuca varmama yol açan düşünce silsilesini karşınızda elimden geldiğince bütünlüklü ve ayrıntılı bir biçimde izleyeceğim. Bu ifadenin arkasında yatan fikirleri, önyargıları göz önüne serersem belki hem kadınlarla hem kurmacayla ilgileri olduğunu görürsünüz. Her halükârda, tartışmalı konularda –ki cinsiyet her açıdan tartışmalı bir konudur– insan gerçeğe ulaşmayı bekleyemez. İnsan sadece sahip olduğu görüşlere hangi yollardan ulaştığını gösterebilir. İnsan sadece dinleyicisine, konuşmacının sınırlarını, önyargılarını, özelliklerini gözlemlerken kendi sonuçlarına varma fırsatı tanıyabilir. Kurmacanın bu noktada gerçeklerden daha çok doğru barındırma ihtimali vardır. Bu yüzden önerim sizlere bir romancının tüm özgürlükleri ile ehliyetlerini kullanarak, buraya gelmeden önceki iki günümün hikâyesini anlatmak; omuzlarıma yüklediğiniz konuyu, ağırlığı altında ezilirken nasıl irdelediğimi, günlük hayatımın içinde ve dışında nasıl ele aldığımı anlatmak. Anlatacaklarımın gerçek olmadığını belirtmeme gerek yok; Oxbridge bir hayal ürünü, Fernham da öyle;[1] "ben" ise aslında var olmayan birini tanımlamaya yarayan kullanışlı bir ifadeden ibaret. Dudaklarımdan yalanlar dökülecek ama aralarına birtakım gerçekler de karışabilir; bu gerçekleri bulup hatırlamaya değer yanları olup olmadığına karar vermek size kalmış. Tabii hatırlamaya değer bulmazsanız her şeyi toptan çöpe atıp unutabilirsiniz.

İşte ben (bana Mary Beton deyin, Mary Seton, Mary Carmichael ya da ne isterseniz, hiçbir önemi yok) bir-iki hafta önce, güzel bir ekim günü bir nehrin kıyısında oturmuş, düşüncelere dalmıştım. Bahsettiğim hamut, yani kadınlar ve kurmaca, türlü türlü önyargıyı ortaya çıkarıp türlü türlü tutkuyu kamçılayan bir konuda bir tür sonuca varma gerekliliği boynumu büküyordu. Sağımda solumda altın sarısı ve koyu kırmızı çalılar adeta alev almış da yanıyormuşçasına parlıyordu. Karşı kıyıda saçları omuzlarından dökülen salkımsöğütler ebedî ağıtlarını yakarak ağlıyordu. Nehir gökyüzünden, köprüden ve yanan ağaçtan istediği kesitleri yansıtıyordu; üniversiteli bir genç kayığını bu yansımaların ortasına sürdü, ardından yansımalar o öğrenci hiç geçmemiş gibi bütünüyle kapandı. İnsan burada düşüncelere dalarak saatlerce oturabilirdi. Düşünce –aslında zihinden geçenlerin hak ettiğinden daha vakur bir ad bu– oltasını akıntıya bırakmıştı. Dakikalar geçtikçe sallanıyor, yansımalarla otların arasında bir oraya bir buraya süzülüyor, suyla yükselip alçalıyordu; ta ki o küçük çekişe kadar, bilirsiniz, hani oltanın ucunda aniden bir fikir yığını belirir, sonra onu dikkatlice çekip özenle yere yatırırsınız ya? Heyhat, çimlere yatırınca bu düşüncem nasıl da küçük, nasıl da önemsiz duruyordu; iyi bir balıkçının daha da yağlansın, bir gün pişirilip yenecek kıvama gelsin diye suya geri bırakacağı türden

1. Oxford ve Cambridge üniversitelerinin adının birleşiminden oluşan Oxbridge ilk olarak William M. Thackeray'in *Pendennis* romanında kullanılmıştır. Fernham College ise bu metnin okunduğu Newnham'a, Cambridge'de 1871'de kurulan ikinci kadın yüksek okuluna göndermedir. Metnin okunduğu diğer okul, Girton ise üniversitenin 1869'da kurulan ilk kadın yüksek okuludur. (Ç.N.)

bir balıktı. Sizi şimdi o düşünceyle yormayacağım ama dikkatle bakarsanız zaten konuşmam esnasında onu kendiniz de görebilirsiniz.

Ne kadar küçük olursa olsun bu düşünce, türünün o gizemli özelliğine sahipti – zihne geri konduğunda birden heyecan verici ve önemli bir hal alıyordu; hızlı hızlı kıpraşıp battıkça, bir o yanda bir bu yanda ışıldadıkça görüşlerimde öyle bir dalgalanma ve arbede yarattı ki yerimde duramaz oldum. Böylece kendimi çimenlikte hızlı hızlı yürürken buldum. Ânında bir erkek karaltısı karşımda belirip beni durdurdu. Jaketatay ile frak gömleği giymiş bu tuhaf nesnenin el kol hareketlerini bana yönelttiğini başta idrak edemedim. Yüzünden dehşet ve öfke okunuyordu. İmdadıma mantıktan ziyade içgüdülerim yetişti; bu adam bir üniversite görevlisiydi, ben bir kadındım. Burası çimenlikti, orası patikaydı. Burada sadece araştırmacılar ile öğretim üyelerine izin vardı, benim yerim çakıllı patikaydı. Bu düşünceler aklımdan bir anda geçti. Ben patikaya dönerken görevlinin kolları indi, yüzüne her zamanki durgun ifadesi yerleşti; çimenlikte yürümek çakıltaşlarının üstünde yürümekten daha rahat olsa da ziyanı yoktu. O sırada bulunduğum kim bilir hangi fakültenin araştırmacıları ile öğretim üyelerine yöneltebileceğim tek suçlama, üç yüz yıldır düzenli olarak biçtikleri çimenlerini korurken benim küçük balığımı korkutup kaçırmış olmalarıydı.

İznim olmayan bir yere böyle cüretkârca girmeme yol açan fikir neydi, artık hatırlamıyordum. Göklerden aşağı bir bulut misali huzurun ruhu indi zira huzurun ruhu olsa olsa güzel bir ekim sabahında Oxbridge'in bahçeleriyle avlularında bulunabilir. Tarihî binalarının önünden geçerken bugünün kabalığı yontuluyor gibiydi; insanın vücudu ses geçirmeyen mucizevi bir sırça dolabın içinde saklı duruyordu sanki, (yanlışlıkla tekrar çimenliğe girilmediği müddetçe) dış dünyayla temas etme zorunluluğu olmayan zihin ise anla uyum içindeki herhangi bir konuda tefekküre dalmakta özgürdü. Tesadüf bu ya, uzun tatilde Oxbridge'i yeniden ziyaret etmeye dair eski bir denemenin uzak bir anısı aklıma Charles Lamb'i getirdi – Aziz Charles, demişti Thackeray, Lamb'in mektuplarından birini alnına götürerek. Gerçekten de tüm ölüler arasında (sizlere düşüncelerimi aklıma geldikleri sırayla aktarıyorum) Lamb kendime en yakın hissettiklerimden biri; kendisine, O zaman denemelerinizi nasıl yazdığınızı anlatın bana, demek isteyeceğim biri. Çünkü onun yazdıkları Max Beerbohm'un kusursuz denemelerinden bile iyi, diye düşündüm; hayal gücünün o vahşi parıltısı sayesinde, tam ortalarında şimşek gibi çakan deha sayesinde, bu şimşek onları kusurlu ve noksan bıraksa da şairanelikleriyle yıldız gibi ışıldamalarını sağlıyor. Lamb, Oxbridge'e belki de yüz yıl önce gelmişti. Milton'ın şiirlerinden birinin burada gördüğü elyazmasıyla ilgili bir deneme yazdığı –adını unuttum– kesin. Şiir belki de "Lycidas"tı ve Lamb, "Lycidas"taki herhangi bir kelimenin farklı olma ihtimalinin onu nasıl dehşete düşürdüğünü yazmıştı. Milton'ın o şiirdeki kelimeleri değiştirdiğini düşünmek ona kutsala hakaret gibi gelmişti. Bunun üzerine aklımda kaldığı kadarıyla "Lycidas"ı düşündüm ve Milton'ın hangi kelimeyi neden değiştirmiş olabileceğini tahmin etmeye çalışarak eğlendim. Sonra Lamb'in baktığı elyazmasının sadece birkaç yüz metre ötemde olduğunu fark ettim; avluda Lamb'in adımları izlenip hazinenin saklandığı o ünlü kütüphaneye gidilebilirdi. Tam planımı eyleme geçirmişken Thackeray'in *Esmond* elyazmasının da bu ünlü kütüphanede durduğunu hatırladım. Eleştirmenler *Esmond*'u genelde Thackeray'in en kusursuz romanı sayar. Ama 18. yüzyılı taklit ettiğinden yapmacık olan üslubu hatırladığım kadarıyla okumayı güçleştiriyor; gerçi 18. yüzyıl üslubu Thackeray'e gerçekten de doğal geliyorsa durum değişirdi, elyazması incelenip düzeltmeler üslup odaklı mı yoksa anlam odaklı mı diye bakılırsa bu konuya açıklık getirilebilirdi. O zaman da üslubun ne olduğunu, anlamın ne olduğunu belirlemek gerekirdi ki bu soru... ama bu noktada kütüphanenin kapısına gelmiştim bile. Kapıyı açmış olmalıyım zira karşımda anında yüzünde kınayıcı bir ifadeyle kır saçlı, nazik bir beyefendi belirip beyaz kanatlar yerine siyah cüppesini çırpan koruyucu bir melek misali yolumu kapattı, elini sallayıp beni geri gönderirken alçak bir sesle kütüphaneye kadınların ne yazık ki sadece bir araştırmacı eşliğinde ya da bir takdim mektubuyla girebileceğini söyledi.

Bir kadının ünlü bir kütüphaneyi lanetlemesi ünlü kütüphaneye vız gelir tırıs gider. Tüm hazinelerini bağrında güvenle saklayan kadim, dingin kütüphane kendinden memnun bir halde uyur; benim için de sonsuza dek uyumaya devam edecektir. Basamaklardan öfkeyle inerken o yankılarını bir daha asla uyandırmayacağıma, misafirperverlik göstermesini bir daha asla istemeyeceğime yeminler ettim. Öğle yemeğine daha bir saat vardı, ne yapacaktım? Çayırda mı gezinecektim? Nehir kenarında mı oturacaktım? Gerçekten çok güzel bir sonbahar sabahıydı, kırmızı yapraklar salınarak yere düşüyordu; ikisi de rahatlıkla yapılabilirdi. Ama kulağıma müzik sesi geldi. Bir ayin ya da kutlama yapılıyordu. Şapelin kapısından geçerken org ihtişamlı bir şekilde inledi. Bu dinginlikte Hıristiyanlığın kederli sesi bile gerçek bir keder değil de bir keder anısıymış gibi geliyordu kulağa; eski orgun sızlanmaları bile huzurla sarılıydı adeta. Hakkım olsa bile içeri girme hevesim yoktu, bu sefer de zangoç beni durdurup belki vaftiz belgemi, belki de dekandan bir tavsiye mektubu isterdi. Ama bu görkemli binaların dışları da genelde içleri kadar güzeldir. Dahası cemaatin toplaşmasını, şapele girip çıkmasını, kapıda kovan ağzındaki arılar misali dolanmasını seyretmek de gayet eğlenceliydi. Çoğu cüppeli ve kepliydi, bazılarının omuzlarından kürk püsküller dökülüyordu, başkaları tekerlekli sandalyeyle getirilmişti, diğerleri orta yaşta olmalarına rağmen ezilip büzülerek öyle acayip şekillere girmişlerdi ki insanın aklına akvaryumun kumlarında zorlukla ilerleyen yengeçlerle kerevitler geliyordu. Duvara yaslanırken üniversitenin gerçekten de nadide tiplerin, Strand kaldırımlarında varoluşları için savaşmak zorunda kalsalar kısa sürede soyu tükenecek tiplerin korunduğu bir sığınak olduğunu düşündüm. Aklıma eski dekanlarla, eski profesörlerle ilgili eski hikâyeler geldi ama ben ıslık çalacak cesareti bulamadan -ihtiyar profesör ... ıslığı duyduğu anda dörtnala koşar, denirdi- muhterem cemaat içeri girmişti bile. Şapelin dışı olduğu gibi duruyordu. Bildiğiniz gibi yüksek kubbeleri ile kuleleri, hep seyahat eden ama hiç demir atmayan bir gemi misali, geceleri ışıklarla aydınlatılmış halde tepelerin ardından, kilometrelerce öteden bile seçilebilir. Pürüzsüz çimenlikleri, dev binaları ve şapeliyle bu avlu da herhalde bir zamanlar otların salındığı, domuzların çamuru eşelediği bir bataklıktı. Sürü sürü atlarla öküzler taşları uzak diyarlardan taşımış olmalı, diye düşündüm, ardından, şimdi gölgesinde durduğum gri bloklar sonsuz bir emekle birbiri üstüne sırasıyla dizilmiştir; boyacılar pencere camlarını getirmiştir, duvarcılar sıva ve harçla, bel ve malayla o çatıda yüzyıllarca uğraşmıştır. Birileri her cumartesi deri bir keseden o tarihte kalmış ellere altınlarla gümüşler akıtmış olmalıydı zira işçiler geceyi muhtemelen bira içerek, kuka oynayarak geçiriyordu. Taşları getirtmeye, duvarcıları çalıştırmaya devam edebilmek için; yeri düzlemek, kazmak, kanallar açmak, suyu çektirmek için bu avluya sonsuz altın ve gümüş yağmış olmalı, diye düşündüm. Ama o zamanlar inanç çağıydı, bu taşları sağlam bir temele oturtmak için para bol keseden akıyordu, taşlar yükseldikten sonraysa kralların, kraliçelerin, büyük soyluların hazinelerinden daha da çok para yağmıştı ki burada ilahiler okunsun, bilgeler yetişsin. Toprak parçaları hibe edilmiş, kiliseye aşar vergileri ödenmişti. İnanç çağı kapanıp da akıl çağı başladığında altın ve gümüş akışı aynı şekilde sürdü; burslar oluşturuldu; öğretim görevlileri tutuldu ama altınlarla gümüşler bu sefer kralların hazinelerinden değil tacirler ile üreticilerin kasalarından akıyordu; sözgelimi sanayide kazandıkları servetin cömert bir kısmını daha çok kürsü açabilsinler, daha çok öğretim görevlisi tutabilsinler, daha çok burs verebilsinler diye onlara zanaatlarını öğreten üniversiteye miras bırakan erkeklerin keselerinden. Bu sayede kütüphanelerle laboratuvarlar kuruldu; rasathaneler açıldı; yüzyıllar önce otların salındığı, domuzların çamuru eşelediği yerde cam raflara pahalı ve narin aletlerden oluşan harikulade teçhizatlar dizildi. Ben avluda dolaşırken altın ve gümüş temel gerçekten dayanıklı duruyordu; kaldırım taşları yabanıl otların üstünde sapasağlam uzanıyordu. Kafalarında tepsiler taşıyan adamlar bir merdivenden ötekine koşturuyordu. Pencerelerdeki saksılarda rengârenk tomurcuklar açmıştı. İçerideki odalardan gramofon sesleri taşıyordu. Düşüncelere dalmamak işten değildi ama düşünceler her ne olacaktıysa daha oluşamadan bölündü. Saat çaldı. Öğle yemeğine gitme vakti gelmişti.

İlginçtir ki romancılar bizi, birinin zekice bir esprisi ya da bilgece bir hareketi sayesinde öğle yemeklerinin her seferinde unutulmaz partilere dönüştüğüne inandırabiliyorlar. Oysa ne yendiğine nadiren değiniyorlar. Romancının çorbadan, somondan, ördek palazından bahsetme âdeti yok; sanki çorba, somon ya da ördek palazının hiçbir önemi yokmuş gibi, kimse bir puro tüttürmemiş ya da bir kadeh şarap içmemiş gibi. Ama burada âdeti bozma cüretini gösterip size bu seferki öğle yemeğinin dilbalığıyla başladığını söyleyeceğim; balık çukur bir tabaktaydı, üniversitenin aşçısı üstünü çarşaf gibi bembeyaz bir kremayla kaplamıştı, sadece bazı yerlerde bir geyiğin iki yanındaki benekleri andıran kahverengi benekler vardı. Bundan sonra keklikler geldi; keklik deyince aklınıza tüyü yolunup tabağa konmuş birkaç kahverengi kuş gelmesin. Bir sürü, çeşit çeşit keklik, sırasıyla gerek keskin gerek tatlı soslar ile salatalardan oluşan eşlikçileriyle birlikte geldi; patatesleri demir para kadar inceydi ama o kadar sert değildi; brükselllahanaları gül goncaları kadar yapraklıydı ama daha suluydu. Fırında keklik ile eşlikçisi biter bitmez sessizlik içinde servis yapan adam, belki bizzat üniversite görevlisinin daha mülayim bir tezahürü, çevresini saran peçete dalgalarından saf şeker gibi yükselen bir tatlı koydu önümüze. Buna sütlaç deyip pirinç ve nişastayla ilişkilendirmek hakaret olurdu. Bu esnada şarap kadehleri kâh sarı kâh kırmızı ışıltılarla parlamış, boşalıp boşalıp dolmuştu. Böylece yavaş yavaş omurganın ortasında, yani ruhun merkezinde bir ışık yanmaya başladı; birdenbire parlayan ve dudaklarımızdan kolaylıkla dökülüveren, zekâ pırıltısı dediğimiz o küçük, sert elektrik ışığı değil ama makul sohbetin daha derinlerde yer alan, daha manalı, daha incelikli, yoğun, sarı aleviydi yanan. Aceleye gerek yok. Göz kamaştırmaya gerek yok. Kendinden başka biri olmaya gerek yok. Hepimiz cennete gidiyoruz, van Dyck de aramızda[1] - başka bir deyişle hayat nasıl da güzeldi, meyveleri nasıl da tatlıydı, bu kin ya da şu tasa nasıl da önemsizdi, dostluk ne hoştu, benzer insanlarla olmak ne hoştu, insan güzel bir sigara yakıp pencere kenarındaki koltuğun minderlerine gömülürken.

Şansa yakınlarda bir küllük bulunsaydı, insan sigarasının külünü camdan dışarı silkmek zorunda kalmasaydı, durum olduğundan birazcık farklı olsaydı insan herhalde kuyruksuz bir kedi görmezdi. Aniden beliriveren, bir uzvu kesik bu hayvanın avluda usulca ilerleyişi bilinçdışı düşüncelerimde beklenmedik bir hareketlenmeye sebebiyet vererek hislerimin rengini değiştirdi. Sanki biri gölge yapıyordu. Belki de harikulade Ren şarabının etkisi geçiyordu. Gerçekten de bu Manks kedisinin o da evreni sorguluyormuş gibi bahçenin ortasında duraksamasını seyrederken bir eksiklik, bir değişiklik hissettim. Ama ne eksildi, ne değişti, diye sordum kendi kendime konuşmaları dinlerken. Bu soruyu yanıtlamak için odanın dışına, geçmişe, ta savaş öncesine gitmem, zihnimde buradan çok da uzakta olmayan bir odada yenen bir öğle yemeğini canlandırmam gerekti ama daha farklı bir yemekti bu. Her şeyi farklıydı. O esnada konuklar sohbete devam ediyordu, kalabalık ve genç bir gruptu bu, kadın erkek karışıktı; her şey yolundaydı, sohbet hoştu, keyifli ve doğal bir biçimde akıyordu. Bu sohbet akarken ben ar-

1. İngiliz ressam Thomas Gainsborough'nun (1727-1788) ölüm döşeğinde Flaman ressam Sir Anthony van Dyck'e (1599-1641) atfen sarf ettiği düşünülen söz. (Ç.N.)

kasına diğer sohbeti yerleştirdim; ikisini eşleştirirken birinin diğerinin vârisi, meşru mirasçısı sayılabileceğine emin oldum. Hiçbir şey değişmemişti, hiçbir şey farklı değildi, sadece... bu noktada kulaklarımı iyice açıp söylenenleri değil ama söylenenlerin ardındaki mırıltıyı, uğultuyu dinledim. Evet, işte buydu – değişim buradaydı. Savaştan önce böyle bir öğle yemeğinde insanlar tam olarak aynı şeyleri söylerdi ama sesleri kulağa farklı gelirdi çünkü o günlerde konuşmalarına bir tür mırıltı eşlik ederdi, sözlü değil ama melodik, heyecan verici, bizzat kelimelerin değerini değiştiren bir mırıltı. İnsan bu mırıltıyı kelimelere dökebilir miydi? Belki şairlerin yardımıyla. Yanımda bir kitap duruyordu, kitabı açınca karşıma Tennyson çıktı. Tennyson şöyle söylüyordu:

Çit kapısındaki çarkıfelekten
    Harikulade bir gözyaşı aktı.
Geliyor, kumrum, hayatım;
    Geliyor, canım, alın yazım;
Kırmızı gül haykırıyor, "Yaklaştı, yaklaştı";
    Beyaz gülse ağlıyor, "Gecikti";
Hezaren dinliyor, "Duyuyorum, duyuyorum";
    Zambaksa fısıldıyor, "Bekliyorum."

Erkekler savaştan önce öğle yemeklerinde bunu mu mırıldanıyordu? Peki ya kadınlar?

Kalbim şakıyan bir kuş gibi
    Yuvasını sulaktaki körpe bir dala kurmuş;
Kalbim bir elma ağacı gibi
    Dalları sulu meyvelerle bükülmüş;
Kalbim yanardöner bir deniz kabuğu gibi
    Dingin denizlerde yüzen;

Kalbim tüm bunlardan daha sevinçli
Sevdiğim bana vardığı için.

Kadınlar savaştan önce öğle yemeklerinde bunu mu mırıldanıyordu?

İnsanların savaştan önce öğle yemeklerinde içlerinden bile olsa böyle şeyler mırıldandıkları fikri öyle gülünçtü ki birden kahkahalara boğuldum, sonra neden güldüğümü açıklamak için Manks kedisini işaret etmem gerekti, kuyruksuz hayvancağız avlunun ortasında hakikaten gülünç duruyordu. Doğuştan mı böyleydi yoksa kuyruğunu bir kazada mı kaybetmişti? Man Adası'nda rastlandığı söylense de kuyruksuz kediler sanıldığı kadar yaygın değildir. Ne garip bir hayvan, güzelden ziyade değişik. Bir kuyruk nasıl fark yaratıyor – öğle yemeğine katılanlar dağılırken, insanlar paltoları ile şapkalarını ararken sarf edilen sözler işte.

Bu seferki parti ev sahibinin misafirperverliği sayesinde öğleden sonraya kadar uzamıştı. Ekim gününün güzel ışığı sönmekteydi, caddede yürürken ağaçların yaprakları dökülüyordu. Önlerinden geçtiğim bahçe kapıları kibar bir kesinlikle birbiri ardına kapanıyor gibiydi. Sayısız üniversite görevlisi sayısız anahtarı sık kullanılan kilitlerde çeviriyordu, hazine dolu evler bir gece daha güvene alınıyordu. Caddenin çıktığı yoldan –adı aklımda değil– sağa dönerseniz Fernham'a varıyorsunuz. Ama daha vakit çoktu. Akşam yemeği yedi buçuktaydı. Böyle bir öğle yemeğinden sonra insan akşam bir şey yemese bile olurdu. Bir şiir parçasının insanın zihnini ele geçirip bacaklarını yolda onun ritmine uygun şekilde oynatmasına yol açması ne ilginç. O kelimeler,

Çit kapısındaki çarkıfelekten
Harikulade bir gözyaşı aktı.
Geliyor, kumrum, hayatım...

Headingley'ye doğru hızla ilerlerken kanımı kaynattı. Sonra, diğer vezne geçerken suların bentte köpürdüğü noktada okudum:

Kalbim şakıyan bir kuş gibi
Yuvasını sulaktaki körpe bir dala kurmuş;
Kalbim bir elma ağacı gibi...

Ah, o şairler, diye feryat ettim yüksek sesle, insanın alacakaranlıkta yaptığı gibi, ah, ne büyük şairlermiş!

Bu tür mukayeselerin komik ve saçma olduğunu bilmeme rağmen çağımız adına kıskançlığa kapıldım herhalde ki günümüz şairleri arasında eskiden Tennyson ile Christina Rossetti'nin olduğu kadar büyük iki isim var mı, diye düşündüm. Tabii, dedim köpüren sulara bakarken, mukayese etmek imkânsız. Şiirin insanı büyülenecek, kendinden geçecek denli heyecanlandırmasının nedeni zaten insanın eskiden (belki savaştan önceki öğle yemeklerinde) kapıldığı bir hissi yeniden canlandırıyor olması; böylece insan kolaylıkla, tecrübeden hareketle, hissin ne olduğunu anlamaya uğraşmak ya da onu şu anki hisleriyle kıyaslamak zorunda kalmadan tepki verebiliyor. Oysa yaşayan şairler bu anda yaratılan, içimizden bu anda fışkıran bir hissi dile getiriyor. İnsan bir kere bu hissi tanıyamıyor, çoğunlukla bir sebepten ondan korkuyor, onu dikkatle izliyor, haset ve şüpheyle o eskiden tanıdığı hisle kıyaslıyor. Çağdaş şiirin güçlüğü işte burada yatar; insanın başarılı bir çağdaş şairin ikiden fazla dizesini hatırlayamamasının sebebi de bu güçlüktür. Bu yüzden –hafızam beni yarı yolda bıraktığından– savımı örnek yetersizliğinden geliştiremedim. Ama neden, diye devam ettim düşünmeye, Headingley'ye ilerlerken, öğle yemeklerinde kendi kendimize mırıldanmayı neden bıraktık? Alfred,

Geliyor, kumrum, hayatım,

diye söylemeyi neden bıraktı? Christina,

> Kalbim tüm bunlardan daha sevinçli
> Sevdiğim bana vardığı için

diye yanıt vermeyi neden bıraktı? Suçu savaşta mı aramalıyız? Ağustos 1914'te silahlar ateşlendiğinde erkekler ile kadınlar birbirlerinin yüzlerini tüm çıplaklığıyla gördüğü için mi öldü romantizm? Devlet büyüklerimizin yüzlerini top ateşinin ışığında görmenin şok etkisi yarattığı yadsınamaz (özellikle de eğitimle ilgili yanılsamaları ve benzeri sebeplerden kadınlar için). Ne çirkin görünüyorlardı; Alman'ı da İngiliz'i de Fransız'ı da; ne aptallardı. Ama neyi suçlarsak suçlayalım, kimi suçlarsak suçlayalım, Tennyson ile Christina Rossetti'yi sevgililerinin gelişiyle ilgili böyle tutkulu şarkılar söylemeye iten yanılsamaya artık eskisi kadar rastlanmıyor. Okumak, bakmak, dinlemek, hatırlamak yetiyor bunu anlamaya. Ama neden "suçlama" diyorum? Bu bir yanılsamaysa, yanılsamayı yıkıp yerine gerçeği koyan facia her ne idiyse neden bu faciayı övmüyoruz? Zira gerçek... Bu üç nokta, gerçek arayışında Fernham sapağını kaçırdığım noktayı temsil ediyor. Evet, hangisi gerçekti, hangisi yanılsamaydı, diye sordum kendime. Bu evlerle ilgili gerçek neydi örneğin; şimdi alacakaranlığın loş ışığında kırmızı pencereleriyle neşeli dururken sabahın dokuzunda tatlıları ve bağcıklarıyla haşin, kırmızı, sefil görünen evlerin gerçeği? Sonra salkımsöğütler, nehir, nehre inen bahçeler, şimdi üstlerine sis çökerken buğulanıyor, oysa güneş ışığında altın sarısı ile kırmızıya çalıyor – hangi halleri gerçek, hangi halleri yanılsamaydı? Sizi derin düşüncelerimin nasıl eğilip büküldüğünü anlatarak yormayacağım zira Headingley yolunda bir sonuca varamadım; sapağı kaçırdığımı kısa sürede fark edip Fernham'a geri gittiğimi varsaymanızı rica ediyorum.

Bunun bir ekim günü olduğunu söylemiştim, mevsimi değiştirip bahçe duvarlarından sarkan leylakları, çiğdemleri, laleleri ve diğer bahar çiçeklerini anlatarak saygınızı yitirip kurmacanın adını lekelemek istemiyorum. Kurmaca olgulara sadık kalmalı, olgular ne kadar gerçekse kurmaca o kadar iyidir – en azından böyle deniyor. O yüzden mevsimlerden hâlâ sonbahardı, yapraklar hâlâ sarıydı ve hâlâ dökülüyordu, hatta belki öncekinden biraz daha hızlı dökülüyordu zira artık akşam olmuştu (tam saati vermek gerekirse yediyi yirmi üç geçiyordu) ve hafif bir rüzgâr (tam yönünü vermek gerekirse güneybatıdan) esiyordu. Ama tüm bunlara rağmen tuhaf bir şeyler yaşanıyordu:

Kalbim şakıyan bir kuş gibi
 Yuvasını sulaktaki körpe bir dala kurmuş;
Kalbim bir elma ağacı gibi
 Dalları sulu meyvelerle bükülmüş...

Belki de kısmen Christina Rossetti'nin kelimeleri sorumluydu hayal gücümün bana oynadığı bu oyundan –çünkü hayal gücünden başka bir şey değildi bu elbette–, bahçe duvarlarında leylakların sallandığını, orakkanat kelebeklerinin kâh orada kâh burada uçuştuğunu, havada polenlerin uçuştuğunu sanmamdan. Yönünü kestiremediğim bir rüzgâr esip dallardaki körpe yaprakları havalandırdı ve gökyüzü bir anlığına gümüşi gri bir ışıltıya büründü. Işığın değişim saatiydi, renklerin yoğunlaştığı, morlar ile altın sarılarının pencere camlarında heyecanlı bir yüreğin atışı gibi yandığı saatti; dünyanın her nasılsa gözler önüne serilen ama yakında yok olacak güzelliğinin (bu noktada bir bahçeye girdim zira kapılardan biri dikkatsizce açık bırakılmıştı, etrafta da görevli görünmüyordu), yakında yok olacak güzelliğinin insanın kalbini tam ortadan bölen iki farklı yüze –kahkaha ve ıstırap– büründüğü saatti. Fernham'ın geniş bahçeleri bir bahar alacakaranlığında tüm yabanıllığıyla önümde uzanıyor, uzun otların arasında oraya buraya serpiştirilip dikkatsizce dağıtılmış gibi duran nergisler ile sümbüller seçiliyordu; belki en sakin günde bile düzenli durmazken şimdi bir de rüzgârda uçuşuyor, köklerini çekiştirerek dalgalanıyorlardı. Binanın pencereleri sayısız ateş tuğlası dalgasının arasında gemi pencereleri gibi kavisleniyordu, tez canlı bahar bulutları hızla ilerlerken camlar limon sarısından gümüşe dönüyordu. Biri bir hamakta yatıyordu, başka biri -ama bu ışıkta bir hayaletten ibaret kalıyor, yarı seçiliyor, yarı tanınıyorlardı sadece- çimlerde koşuyordu -kimse durdurmayacak mıydı bu kadını?- sonra iki büklüm bir karaltı belirdi verandada, hava alıp bahçeye bakmaya çıkmış gibiydi, hem heybetli hem mütevazı bir görünümü vardı, geniş alınlıydı, giysileri pejmürdeydi - bu kadın o ünlü öğretim üyesi, J... H...[1] olabilir miydi? Ortalık loştu, yine de havada bir parlaklık vardı, alacakaranlığın bahçenin üstüne serdiği şal bir yıldız ya da kılıçla yarılmıştı sanki - baharın yüreğinden her zaman yaptığı gibi fırlayarak çıkan korkunç bir gerçeğin ani bir patlaması. Çünkü gençlik...

Çorbam gelmişti. Büyük salonda akşam yemeği başlamıştı. Mevsimlerden bahar değildi, aksine bir ekim akşamıydı. Herkes büyük salonda toplaşmıştı. Yemek hazırdı. Çorba gelmişti. Sade et suyu çorbasıydı. Hayal gücünü kamçılayacak hiçbir yanı yoktu. Kâsede desen olsa saydam sıvının altından görünürdü. Ama herhangi bir desen yoktu. Kâse sadeydi. Sonra sığır eti, yanında da yeşillikler ile patates geldi - yalın bir üçlü, akla çamurlu pazaryerindeki sığır butlarını, kenarları kıvrılıp sararmış brüksellahanalarını, pazarlıkları, indirimleri, pazartesi sabahı ellerinde filelerle gezen kadınları getiriyordu. İnsan doğasının günlük yemeğine burun kıvırmak için hiçbir sebep yoktu, ne de

1. Jane Ellen Harrison (1850-1928), klasik filoloji profesörü, dilbilimci. İngiltere'deki ilk kadın akademisyen sayılır. (Ç.N.)

olsa önümüzdeki yemek yeterliydi, madenciler kuşkusuz bunu bile bulamıyordu. Sonra kuru erik ile puding geldi. Her kim ki kuru eriğe burun kıvırır; pudingle yumuşatılsa bile nahoş bir sebze sayılmasından (çünkü katiyen meyve değil), bir varyemezin yüreği kadar taşlaşmış olmasından, kendini şaraptan ve sıcaklıktan seksen yıl mahrum bırakmasına rağmen yoksullara zırnık koklatmayan bir varyemezin damarlarında akabilecek türde bir suyu olmasından yakınmaya yeltenirse, kuru eriği de yüce gönüllülükle benimseyen insanlar olduğunu hatırlamalı. Sonra kraker ile peynir geldi, bu noktada su sürahisi elden ele dolaşmaya başladı çünkü kraker doğası itibariyle kurudur, önümüzdekiler de hasbehas krakerdi. Hepsi bu kadardı. Yemek bitmişti. Herkes sandalyesini geri itti, kanatlı kapılar hızla ileri geri savruldu, yemekten kalan izler kısa sürede silinip salon kuşkusuz ertesi sabahki kahvaltıya hazır hale getirildi. İngiliz gençliği bangır bangır bağırıp şarkı söyleyerek koridorlardan geçti, merdivenlerden çıktı. "Akşam yemeği iyi değildi," demek, "Yemeği burada baş başa yiyemez miydik?" demek ise (Mary Seton'la şimdi onun oturma odasında oturuyorduk) bir misafire, bir yabancıya (zira Fernham'da bulunmaya hakkım yoktu, tıpkı Trinity, Somerville, Girton, Newnham ya da Christ Church'te bulunmaya hakkım olmadığı gibi) düşmezdi çünkü bu tür bir yorum, yabancılar karşısında gösteriş ve cesaret maskesi takınan evin mahrem idare biçimini irdeleyip sorgulamak anlamına gelirdi. Hayır, insan böyle bir yorum yapamazdı. Gerçekten de sohbet bir an duraksadı. İnsanın mizacı bu şekilde olduğundan; kalbi, bedeni ile beyni iç içe geçtiğinden; kuşkusuz bir milyon yıl sonra olacağı gibi farklı bölmelere ayrılmadığından güzel bir sohbet için güzel bir akşam yemeği elzemdir. İnsan güzel bir akşam yemeği yemediyse doğru dürüst düşünemez, doğru dürüst sevemez, doğru dürüst uyuyamaz. Omurgadaki ışığı sığır eti ile kuru erik yakmaz. Hepimiz *muhtemelen* cennete gidiyoruz, van Dyck de *umarız* aramızda – sığır eti ile kuru erik günün sonunda böyle tereddütlü, karamsar bir ruh haline sokar insanı. Neyse ki fen dersi veren arkadaşımın dolabında tombul bir şişe ile küçük kadehler vardı da (aslında başta dilbalığıyla keklik olmalıydı) bir ateş yakıp günün ziyan olan kısmını kısmen telafi edebildik. Bir-iki dakika içinde, belli bir kişinin yokluğunda insanın merak edip öğrenmek istediği, onunla tekrar bir araya gelindiğinde doğal olarak konuşulacak konular arasında daldan dala atlamaya başladık -birinin evlenmiş ötekinin henüz evlenmemiş olması, birinin şu kanaatte ötekinin bu kanaatte olması, birinin durumunun tahmin edilemeyecek kadar düzelmiş ötekinin akıl almaz derecede kötülemiş olması-, insan mizacına ve olağanüstü dünyamızın yapısına dair, bu tür başlangıçlarda doğal olarak yapılan yorumlara daldık. Ama bunlar konuşulurken utanç içinde fark ettim ki kendiliğinden bir akıntı oluşuyor, her şeyi kendi istediği yöne çekiyordu. İnsan İspanya'dan ya da Portekiz'den, kitaplardan ya da yarış atlarından söz ediyordu belki ama asıl ilginç olan bunların hiçbiri değil, beş yüz küsur yıl önce yüksek bir çatıda çalışan duvar ustalarından oluşan bir hayaldi. Krallar ile soylular koca koca çuvallarla hazineler getirip toprağa döküyordu. Bu sahne zihnimde giderek canlanıyor; cılız inekler, çamurlu pazaryeri, solmuş yeşillikler ve yaşlı adamların taşlaşmış yüreklerinden oluşan bir başka sahnenin yanına kuruluyordu - bu iki görüntü ne kadar kopuk, bağlantısız, anlamsız olursa olsun birleşiyor, birbiriyle çekişiyor, elimi kolumu bağlıyordu. Sohbeti çarpıtmamak adına yapılabilecek tek şey aklımdakini yüksek sesle dile getirmekti, şansım yaver giderse bu imgeler silinebilir, Windsor'daki tabut açılınca ölü kralın un ufak olan kellesi gibi[1] dağılabilirdi. Böylece Miss Seton'a yıllar yılı kilisenin çatısında çalışan duvar ustalarından,

1. 1649'da başı kesilerek idam edilen I. Charles, Windsor Sarayı'ndaki St. George Şapeli'ne gömüldükten bir süre sonra tabutunun yeri karışmıştır. 1813'te şapeli genişletme çalışmaları kapsamında yanlışlıkla bir mezarın duvarı açılınca içinden üç tane tabut çıkmıştır ve I. Charles'a ait olduğu düşünülen tabut teyit amacıyla açılmıştır. (Ç.N.)

sırtlarında taşıdıkları altın ve gümüş çuvallarını toprağa boşaltan krallar, kraliçeler ile diğer soylulardan kısaca bahsettim; sonra nasıl bizim çağımızın büyük, zengin kodamanlarının geldiğini ve eskilerin altın külçeleri ile ham altın parçaları saçtıkları yerlere çekler, bonolar bıraktıklarını anlattım. Oradaki üniversite binalarının altında bunlar yatıyor, dedim; peki ya şimdi oturduğumuz bu bina, bu binanın heybetli kırmızı tuğlaları ile bahçesindeki yabanıl, biçilmemiş otlarının altında neler yatıyor? Yemeğin servis edildiği sade tabakların, (bu noktada kendimi durduramadan sözcükler ağzımdan dökülüverdi) sığır eti ile pudingin, kuru eriklerin altında hangi güç yatıyor?

Şöyle, dedi Mary Seton, 1860 civarında... Ama hikâyeyi sen de biliyorsun, dedi, herhalde anlatmaktan sıkılmıştı. Sonra söyledi – odalar kiralanmıştı. Komiteler toplanmıştı. Zarflara adresler yazılmıştı. Genelgeler çıkarılmıştı. Toplantılar yapılmıştı, mektuplar yüksek sesle okunmuştu; falanca kişi şu kadar söz verdi, aksine Mr ... zırnık koklatmıyor. *Saturday Review* çok kaba şeyler yazmış. Ofisleri tutmak için nasıl para toplayabiliriz? Bitpazarı mı düzenlesek? En öne güzel bir kız oturtamaz mıyız? John Stuart Mill bu konu hakkında ne demiş, bakalım. Bir mektup yayımlaması için ... mecmuasının editörünü ikna edebilecek biri var mı? Lady ... bu mektubu imzalar mı? Lady ... şehir dışında. Altmış yıl önce olaylar bu şekilde gelişmişti herhalde; fevkalade bir çaba sarf edilmiş, müthiş bir zaman harcanmıştı. Ancak uzun bir mücadelenin sonunda güç bela otuz bin pound toplanabilmişti.[1] Bu yüzden şarapla keklikten, kafalarında metal tepsiler taşıyan hizmetçilerden mahrum kalıyoruz tabii, dedi. Koltuklardan ve tek kişilik

1. "En az otuz bin pound talep etmemiz söylendi. ... Yüksek bir meblağ değil, hele ki Britanya, İrlanda ve sömürgelerde böyle bir üniversitenin eşine dahi rastlanmayacağı, ayrıca erkek okulları için olağanüstü rakamların ne kadar kolay toplandığı düşünüldüğünde. Ama kadınların eğitim görmesini gerçekte ne kadar az insanın istediği düşünülürse yüksek bir meblağ." – Lady Stephen, *Emily Davies and Girton College* (Emily Davies ve Girton College).

odalardan mahrum kalıyoruz. "Rahatlık sunacak ayrıntılara," dedi, şu ya da bu kitaptan alıntı yaparak, "sıra sonra gelecek."[1]

Tüm o kadınların yıllar yılı debelenmenin sonucu iki bin pound'u zar zor bulup buluşturduğunu, otuz bin pound'a ulaşmak için çırpındığını düşününce cinsiyetimizin bu içler acısı yoksulluğunu ayıpladık. Annelerimiz neyle meşguldü de bize bırakacak bir servet yapmamışlardı? Burunlarını pudralamakla mı? Vitrinlere bakmakla mı? Monte Carlo'da güneşte çalım satmakla mı? Şöminenin üstünde birkaç fotoğraf vardı. Mary'nin annesi -tabii fotoğraftaki oysa- boş vakitlerinde (bir kilise papazından on üç çocuğu vardı) fink atmış olabilirdi ama öyleyse bile sürdüğü neşeli sefahat hayatı yüzüne pek yansımamıştı. Yalın biriydi, ekose şalını kabartmalı büyük bir taşla tutturmuş yaşlı bir kadın; hasır bir sandalyeye oturmuştu, spaniel cinsi bir köpeği kameraya çevirmeye çalışıyordu, yüzündeki bıyık altından gülen ama bıkkın ifade, köpeğin flaş patladığı anda kıpırdayacağına emin olduğunu gösteriyordu. Bu hanımefendi ticarete atılsaydı, suni ipek üretse ya da borsada köşeyi dönseydi, Fernham'a iki-üç bin pound bıraksaydı bu gece gönül rahatlığıyla oturmuş arkeoloji, botanik, antropoloji, fizik, matematik, astronomi, izafiyet, coğrafya ya da atomun yapısını konuşuyor olabilirdik. Ah, Mrs Seton, Mrs Seton'ın annesi, Mrs Seton'ın anneannesi o büyük sanatı, para kazanma sanatını öğrenmiş olsalardı, paralarını da tıpkı babaları ve büyükbabaları gibi hemcinsleri olan araştırmacılar ile öğretim görevlilerinin tutulmasına, hemcinslerine verilecek ödüller ile bursların oluşturulmasına ayırsalardı bu odada baş başa bir kuş ile bir şişe şaraptan oluşan gayet makul bir akşam yemeği yiyebilir, sırtımızı bol kazançlı bir mesleğe yaslayarak hoş ve onurlu bir hayat geçireceğimize dair haklı bir güvene sahip ola-

1. Güçlükle toplanabilen her kuruşun binanın yapımına ayrılması, rahatlık sunacak ayrıntıların sonraya bırakılması gerekti. - R. Strachey, *The Cause* (Amaç).

bilirdik. Keşifler yapıp yazılar yazabilirdik, dünyanın kadim yerlerinde aylak aylak gezinebilirdik, Partenon'un basamaklarına oturup düşüncelere dalabilirdik, sabah onda ofise gittikten sonra dört buçukta keyfimizce eve dönüp birkaç dize karalayabilirdik. Tek mesele şu ki, Mrs Seton'lar on beş yaşında işe başlasaydı -işte sav burada tökezliyordu- Mary olmazdı. Mary bu konuda ne düşünüyordu? Durgun, güzel ekim gecesi perdelerin arasından göz kırpıyordu, sararmaya başlamış ağaçların dallarına bir-iki yıldız takılmıştı. Mary, Fernham'a tek bir çiziktirmeyle elli bin küsur pound bağışlansın diye kendi payından vazgeçmeye, temiz havası ve kaliteli pastalarıyla övündüğü İskoçya'da oyunlarla, didişmelerle geçen günlerin anılarından (çünkü geniş de olsa mutlu bir ailelerdi) feragat etmeye hazır mıydı? Çünkü üniversite kurabilmek için ailenin temelden yok olması gerekecekti. Hem bir servet hem on üç çocuk yapmak - bunu hiçbir insan kaldıramaz. Olguları değerlendirelim, dedik. Önce bebek doğmadan dokuz ay geçiyor. Sonra bebek doğuyor. Sonra bebek üç-dört ay emziriliyor. Emzirmeyi bıraktıktan sonra bebekle en az beş yıl oynanıyor. Çünkü anlaşılan çocuklar öylece sokağa salınamıyor. Rusya'da çocukların sokaklarda başıboş koşturduğunu görenler bunun çirkin bir manzara olduğunu söylüyor. Aynı zamanda insan mizacının bir ila beş yaş arasında şekillendiği de söyleniyor. Mrs Seton para kazanıyor olsaydı, dedim, ne tür oyun ve didişme anıların olacaktı? İskoçya'nın temiz havası, pastaları ve geri kalan güzellikleriyle ilgili ne bilecektin? Ama bu soruları sormak manasız çünkü var olmayacaktın bile. Mrs Seton, Mrs Seton'ın annesi, Mrs Seton'ın anneannesi büyük bir servet kazanıp tamamını bir üniversite ile kütüphanenin temeline yatırsaydı ne olurdu, diye sormak da aynı şekilde manasız çünkü birincisi para kazanmaları imkânsızdı, ikincisi imkânsız olmasaydı bile yasalar kazandıkları parayı onlara ait saymıyordu. Mrs Seton'ın kendine ait bir kuruşa sahip olması sadece son kırk sekiz yıldır mümkün. Ondan önceki yüzyıllar boyunca parası olsaydı kocasının mülkü sayılacaktı – Mrs Seton ile büyükannelerini borsadan uzak tutan şeylerden biri de bu düşünceydi belki. Kazandığım para, demişlerdi belki de, son kuruşuna kadar elimden alınacak ve kocamın münasip gördüğü biçimde, belki Balliol ya da Kings'e burs oluşturmak, araştırmacı tutmak için harcanacak, yani para kazanabilecek olsaydım bile para kazanmak pek de beni ilgilendiren bir durum değil. En iyisi bu işi kocama bırakmak.

Her halükârda, kabahat spaniel'e bakan yaşlı kadında olsa da olmasa da, annelerimizin işlerini her nedense çok kötü yönettikleri su götürmezdi. "Rahatlık sunacak ayrıntılar"a, keklikler ile şaraplara, üniversite görevlileri ile çimenliklere, kitaplar ile purolara, kütüphaneler ile boş zamanlara ayrılacak tek kuruş kalmamıştı. Ellerinden tek gelen çıplak toprağa çıplak duvarlar örebilmek olmuştu.

Böylece pencerede durup her gece binlerce kişinin yaptığı gibi altımızda uzanan meşhur şehrin kubbeleriyle kulelerini seyrederek konuştuk. Şehir sonbaharın ay ışığında çok güzel ve esrarengiz görünüyordu. Eski taşlar bembeyaz, haşmetli duruyordu. İnsan aşağıda bir arada duran tüm o kitapları düşünmeden edemiyordu; piskopos ve soyluların lambrili odalarda asılı duran eski resimlerini, kaldırımlara değişik küreler ve hilaller düşüren renkli camları, çeşmelerle çimleri, sessiz avlulara bakan sessiz odaları. Ayrıca (böyle düşündüğüm için af buyurun) harikulade sigaralarla içkileri de düşündüm, derin berjerlerle yumuşak halıları; lüks, mahremiyet ve ferahlıktan doğan nezaketi, güler yüzlülüğü, ağırbaşlılığı. Annelerimiz bize bununla mukayese edilebilecek herhangi bir şey katiyen bırakmamıştı – otuz bin pound'u bulup buluşturmakta zorlanan annelerimiz, St. Andrews'ta din adamlarının on üç çocuğunu dünyaya getiren annelerimiz.

Böylece otelime döndüm, karanlık sokaklarda yürürken insanın bir işgününün sonunda yaptığı gibi şuna buna kafa yordum. Mrs Seton'ın bize bırakacak parasının neden olmadığına ve yoksulluğun insanın zihnini nasıl etkilediğine kafa yordum, bu sabah omuzlarından kürk püsküller dökülen garip görünümlü ihtiyarları düşündüm ve biri ıslık çalacak olsa aralarından birinin koşup gideceğini hatırladım, sesi şapelde yankılanan orgu ve kütüphanenin kapalı kapılarını düşündüm, bir binanın dışında kilitli kalmanın ne kadar tatsız olduğunu, içinde kilitli kalmanın belki daha kötü olacağını düşündüm; sonra bir cinsiyetin güven ile refahını, diğer cinsiyetin yoksulluğu ile güvensizliğini, geleneklerin ve gelenek eksikliğinin bir yazarın zihnine etkisini düşünerek nihayetinde günün buruşmuş derisini tüm savları, tüm izlenimleri, öfkesi ve kahkahasıyla alıp çalılığa fırlatma vaktinin geldiğine karar verdim. Gökyüzünün mavi enginliğinde binlerce yıldız ışıldıyordu. İnsan anlaşılmaz bir toplumla baş başa kalmış gibiydi. Herkes yatmış uyuyordu – yüzüstü, yatay, suskun. Oxbridge sokaklarında yaprak kımıldamıyordu. Otelin kapısı bile görünmez bir elin dokunuşuyla açılıverdi – saat öyle geçti ki bana odama kadar ışık tutacak bir komi dahi yoktu.

2

Şimdi, beni takip edin lütfen, sahne değişmişti. Yapraklar hâlâ dökülüyordu ama bu sefer Oxbridge'de değil, Londra'da; sizden bir oda düşünmenizi rica ediyorum, diğer binlerce oda gibi bir oda, penceresi insanların şapkalarının, kamyonetlerin, otomobillerin üstünden başka pencerelere bakıyor, içerideki bir masada ise boş bir kâğıdın üstünde büyük harflerle "KADINLAR VE KURMACA" yazıyor, başka da bir şey yazmıyor. Oxbridge'de yenen öğle ve akşam yemeklerinden sonra ne yazık ki kaçınılmaz olarak British Museum'a gitmek gerekecekti anlaşılan. İnsan izlenimlerinden kişisel ve tesadüfi olanları ayıklayıp gerçeğin saf sıvısına, öz yağına ulaşmalıydı. Zira bu Oxbridge ziyareti, öğle ve akşam yemekleri kafamda bir sürü soru işareti uyandırmıştı. Neden erkekler şarap, kadınlarsa su içiyordu? Neden bir cinsiyet refah içinde yüzerken diğeri yokluk çekiyordu? Yoksulluğun kurmaca üstündeki etkisi nedir? Sanat eserleri yaratabilmek için gerekli şartlar nedir? Zihnime aynı anda bin tane soru üşüştü. Ama benim sorulara değil yanıtlara ihtiyacım vardı; yanıtlara da ancak dilin çelişkisi ile bedenin karmaşasını aşmış, akıl yürütmeleriyle araştırmalarının sonuçlarını da British Museum'da bulunabilecek kitaplarda yayımlamış önyargısız bilgelere danışarak ulaşabilirdim. Gerçek, British Museum'ın raflarında değilse neredеdir, diye sordum kendime, bir defterle kurşunkalem alırken.

Bu şekilde kuşanmış, bu şekilde kendinden emin ve meraklı bir halde gerçeğin peşine düştüm. Henüz yağmur yağmamıştı ama hava kapalıydı, müzenin bulunduğu mahallede sokaklardaki tüm kömür çukurları açılmıştı, deliklerden aşağı çuvallar boşaltılıyordu; dört tekerlekli faytonlar bir kenarda durup iple bağlanmış kutular yığıyordu kaldırıma; içlerinde herhalde servet, sığınak ya da kışın Bloomsbury' deki pansiyonlarda bulunabilecek çekici başka şeylerin arayışıyla gelmiş belki İsviçreli, belki İtalyan bir ailenin tüm giysileri vardı. O her zamanki çatal sesli erkekler el arabalarında bitkilerle sokakları arşınlıyordu. Kimi bağırıyor, kimi şarkı söylüyordu. Londra bir atölyeydi. Londra bir makineydi. Hepimiz bu sade temelin üstünde bir desen oluşturmak için ileri geri fırlatılıyorduk. British Museum fabrikanın bir başka bölümüydü. Kanatlı kapılar savrularak açılınca insan kendini geniş kubbenin altında buluyordu; bir sıra ünlü ismin harikulade bir şekilde çevrelediği dev, kel bir kafadaki düşüncelerden biriydiniz sanki. Bankoya gidiyor, bir kâğıt parçası alıyor, kataloğun ciltlerinden birini açıyordunuz ve..... buradaki beş nokta afallamayla, hayretle, şaşkınlıkla geçen beş ayrı dakikayı temsil ediyor. Bir yılda kadınlar hakkında kaç kitap yazıldığına dair bir fikriniz var mı? Bu kitapların kaçının erkekler tarafından yazıldığına dair bir fikriniz var mı? Evrendeki belki de en çok tartışılan canlı olduğunuzdan haberdar mısınız? Elimde bir defter bir kurşunkalemle çıkagelmiştim ben, sabahı okumaya ayırdıktan sonra öğlene kadar gerçeği defterime aktarmış olacağımı varsaymıştım. Ama bunların hepsinin altından kalkabilmek için bir fil sürüsü olmam, öbek öbek örümcek olmam gerekir, diye düşündüm, en uzun yaşadığı, en çok gözü olduğu söylenen hayvanlara çaresizce atıfta bulunarak. Sırf dış katmanı delebilmek için bile demir pençelere, pirinç bir gagaya ihtiyacım var. Tüm bu kâğıt yığınının altına gömülü gerçeklik zerrelerine nasıl ulaşacağım? diye sorarak uzun başlık listesini umutsuzca gözden geçirmeye başladım. Kitapların adları bile beni tereddüte düşürmüştü. Cinsiyet ve cinsiyetin doğası doktorlarla biyologların ilgisini çekebilir tabii ama beni şaşırtan, açıklamakta zorlandığım şey cinsiyetin -yani kadının- aynı zamanda cana yakın deneme yazarlarını, el becerisine sahip romancıları, yüksek lisans yapmış genç erkekleri, hiç üniversite okumamış erkekleri, görünürde kadın olmamak dışında herhangi bir vasfı bulunmayan erkekleri de cezbetmesiydi. Bu kitapların bir kısmı dışarıdan bakıldığında ciddiyetsiz ve lakayt gözükse de çoğu ciddi ve öngörülü, ahlakçı ve öğüt verici duruyordu. Sırf başlıkları okumak bile akla sayısız okul müdürüyle sayısız papazın okullarda, kiliselerde kürsülere çıkıp bu konudaki tartışmalara genelde ayrılan saati katbekat aşan bir laf ebeliğiyle vaaz verişini getiriyordu. Çok tuhaf bir hadiseyle karşı karşıyaydım, ayrıca anlaşılan -bu noktada E harfine baktım- erkek cinsiyle sınırlı bir hadiseydi bu. Kadınlar erkekler hakkında kitap yazmıyordu - bu gerçeği fark edince rahat bir nefes aldım zira önce erkeklerin kadınlar hakkında yazdığı her şeyi, sonra da kadınların erkekler hakkında yazdığı her şeyi okumam gerekseydi yüz yılda bir çiçek açan aloe ben elime kalemi alana kadar iki kere açardı. Böylece, on iki kadar kitabı rasgele seçip küçük kâğıt parçacıklarımı tel tepsiye koydum ve gerçeğin öz yağını arayan diğer kişilerin arasında, kendi bölmemde bekledim.

O zaman bu garip eşitsizliğin sebebi ne olabilir, diye düşündüm, İngiliz vatandaşlarının vergileriyle aslında başka bir kullanım için alınan kâğıt parçalarına tekerlekler çizerken. Neden -bu kataloğa bakılırsa- kadınlar erkeklerin ilgisini, erkeklerin kadınların ilgisini çektiğinden daha çok çekiyor? Bu gerçekten de tuhaf bir durumdu, vakitlerini kadınlarla ilgili kitaplar yazmaya harcayan erkeklerin hayatını hayal etmeye başladım ben de; yaşlı mı genç mi, evli mi bekâr mı, kızarık burunlu mu kambur muydular; her halükârda insanın kendini böyle yoğun bir ilginin odağında bulmasının koltuk kabartıcı bir yanı da yok değildi, tabii ilgilenenlerin tamamı sakat ya da hasta değilse; işte konuyu zihnimde bu şekilde tartmayı sürdürüyordum ki önemsiz düşüncelerim önümdeki masaya konan bir kitap yığınıyla dağıldı. Esas sorun şimdi başlıyordu. Oxbridge'de araştırma yapmayı öğrenen öğrenci kuşkusuz sorusunu dikkat dağıtıcı unsurların arasından güder ve ağılına varan bir koyun misali yanıtına varır. Örneğin yanımda bir bilim kılavuzundan harıl harıl notlar alan öğrencinin yaklaşık on dakikada temel bir madenden saf külçeler çıkardığına emindim. Kısa, tatminkâr homurdanmaları buna delaletti. Ama insan ne yazık ki üniversite eğitimi almamışsa soru, ağılına varmak bir yana, tazıların kovaladığı ürkek bir sürü misali oraya buraya koşturup daireler çizer. Profesörler, müdürler, sosyologlar, papazlar, romancılar, denemeciler, gazeteciler, kadın olmamak dışında bir vasfı bulunmayan erkekler basit, yegâne sorumu –Kadınlar neden yoksul?– kovalaya kovalaya elli soruya çevirdi; sonra bu elli soru da telaşla bir akıntıya atlayıp gözden yitti. Defterimin her sayfası notlarla dolup taşıyordu. İçinde bulunduğum ruh halini göstermek için size bunlardan bazılarını okuyacağım, kısaca açıklamak gerekirse sayfanın başında gayet basit bir şekilde "KADINLAR VE YOKSULLUK" yazıyordu ama altına şu tarz şeyler sıralanmıştı:

Ortaçağdaki yaşam şartları,
Fiji Adaları'ndaki alışkanlıkları,
Tanrıça olarak tapınılmaları,
Ahlaken yanlarında daha zayıf kaldıkları gruplar,

İdealizmleri,
Daha insaflı oluşları,
Güney Denizi Adaları'ndakilerin yeniyetmelik yaşı,
Çekicilikleri,
Kurban olarak adandıkları tanrılar,
Beyinlerinin küçük boyu,
Daha derin bilinçdışıları,
Daha az kıllı vücutları,
Zekâ, ahlak ve fiziksel açılardan yetersizlikleri,
Çocukları sevmeleri,
Ömürlerinin daha uzun olması,
Kaslarının daha zayıf olması,
Sevgilerinin gücü,
Kibirleri,
Yüksek eğitimleri,
Shakespeare'in haklarındaki düşüncesi,
Lord Birkenhead'in haklarındaki düşüncesi,
Başpapaz Inge'in haklarındaki düşüncesi,
La Bruyère'in haklarındaki düşüncesi,
Dr. Johnson'ın haklarındaki düşüncesi,
Mr Oscar Browning'in haklarındaki düşüncesi...

Bu noktada derin bir nefes alıp bir kenara, Samuel Butler neden, "Akıllı erkekler kadınlarla ilgili düşüncelerini asla dile getirmezler," diyor? diye bir not düştüm. Akıllı erkeklerin görünürde dile getirdikleri tek şey kadınlarla ilgili düşünceleriydi. Ama, diye devam ettim, sandalyeme yaslanıp altında tek bir düşünce, bu noktada artık yılmış bir düşünce olduğum kubbeye bakarak, işin kötü yanı akıllı erkeklerin kadınlar hakkında katiyen aynı şeyleri düşünmemesi. Pope şöyle diyor:

Çoğu kadın kişiliksizdir.

Oysa La Bruyère şöyle diyor:

Les femmes sont extrêmes; elles sont meilleures ou pires que les hommes...[1]

Dikkatli iki çağdaş gözlemci birbirine ters düşüyor. Kadınlar eğitilebilir mi eğitilemez mi? Napoléon eğitilemeyeceklerini düşünüyordu. Dr. Johnson'sa tam aksini.[2] Ruhları var mı yoksa ruhları yok mu? Bazı barbarlar olmadığını söylüyor. Öte yandan diğerleri kadınların yarı kutsal olduğu görüşüyle onlara tapıyor.[3] Bazı bilgeler akıllarının daha kıt olduğunu öne sürüyor, diğerleri daha derin bir farkındalığa sahip olduklarını. Goethe onları el üstünde tutuyordu; Mussolini ise onları hakir görüyor. İnsan nereye dönse erkeklerin kadınlarla ilgili düşüncelerine rastlıyordu ve herkes farklı bir şey düşünüyordu. İşin içinden çıkmanın imkânsız olduğuna karar verdim, yanımdaki okuru imrenerek izliyordum, olağanüstü bir özenle özet çıkarıyordu, satırlar hemen hep A, B, C diye başlıyordu, oysa ben defterime vahşice birbirine tezat notlar karalamıştım. Bu kaygılandırıcı, afallatıcı, utanç vericiydi. Gerçek parmaklarımın arasından kayıp gitmişti. Her bir damlası kaçmıştı.

Eve dönünce, diye düşündüm, kadınlar ve kurmaca çalışmasına ciddi bir katkı namına tutup da kadınların erkeklerden daha az kıllı ol-

1. (Fr.) Kadınlar uçlardalar; erkeklerden ya daha iyiler ya daha kötü. (Ç.N.)
2. "'Erkekler, kadınların kendilerinden üstün olduğunu bilir, bu yüzden en zayıf, en cahil olanı seçerler. Böyle düşünmeselerdi, kadınların kendileri kadar çok şey bilmesinden asla korkmazlardı.' ... Cinsiyete hakkını vermek gerekirse açıkça kabul etmem gerekir ki daha sonraki bir sohbette bana sözlerinde ciddi olduğunu belirtti." –Boswell, *The Journal of a Tour of the Hebrides* (Hebridler Gezisi Güncesi).
3. "Antik Almanlar kadınların kutsal bir yanı olduğunu düşünür, bu yüzden onlara kâhin diye danışırlardı." –Frazer, *Golden Bough* (Altın Dal).

duğunu ya da Güney Denizi Adaları'ndakilerin yeniyetmelik yaşının dokuz olduğunu yazamam; -yoksa doksan mıydı?- dikkat dağınıklığından el yazım bile okunmaz hale gelmişti. Tüm sabah süren çalışmanın neticesinde daha ciddi, daha saygın bir şey ortaya koyamamak utanç vericiydi. K.'nın (kısaltma olsun diye kadını böyle anmaya başlamıştım) geçmişiyle ilgili gerçeği kavrayamazsam geleceğine bakmanın ne manası vardı? Kadın ve kadının çeşitli konulardaki -siyaset, çocuk, maaş, ahlak- etkisi hakkında uzman olan tüm o beyefendilere danışmak, sayılarına rağmen, okumuşluklarına rağmen vakit kaybından ibaret görünüyordu. Kitaplarının kapaklarını açmaya bile gerek yoktu.

Ama masa komşum gibi vardığım sonucu yazacağım yerde, uyuşukluk ve çaresizlik içinde dalgın dalgın bir resim çizmeye başlamıştım. Bir surat çizmiştim, bir siluet. Suratla siluet Profesör von X'e aitti, "Kadın Cinsinin Akli, Ahlaki ve Fiziki Yetersizliği" adlı dev çalışmasını yazıyordu. Kadınlara çekici gelecek bir erkek olarak resmetmemiştim onu. İriyarıydı, kocaman bir gıdısı vardı, buna karşılık gözleri küçücüktü, suratı kıpkırmızıydı. Yüzündeki ifadeden, kapıldığı yoğun hisler yüzünden kalemini kâğıtta tiksindirici bir böceği öldürüyormuşçasına sert hareketlerle gezdirdiği anlaşılıyordu ama böceği öldürmek bile onu tatmin etmediğinden tekrar tekrar öldürmesi gerekiyordu, yine de hâlâ öfkeli ve asabiydi. Mesele karısı mı acaba? diye sordum çizdiğim resme bakarak. Bir süvariye mi âşıktı karısı? Süvari astraganlar içinde ince ve zarif mi görünüyordu? Freud'un teorisinden gitmek gerekirse, daha beşikteyken güzel bir kız ona gülmüş müydü? Zira profesörün bebekken bile güzel olabileceğine ihtimal vermiyordum. Sebebi her neyse kadınların akli, ahlaki ve fiziki yetersizliklerine dair büyük kitabını yazan profesörü çok sinirli ve çirkin bir şekilde resmetmiştim. Resimler karalamak verimsiz geçen bir sabaha aylakça bir kapanış oldu. Ama derinlerde yatan gerçek yüzeye bazen aylaklık ettiğimiz, hayal kurduğumuz anlarda çıkar. Adına psikanaliz denemeyecek denli basit bir psikolojik egzersizle defterime bakınca öfkeli profesörü öfkeyle çizdiğimi görüyordum. Ben hayallere dalmışken kalemimi öfke ele geçirmişti. Ama öfkenin burada ne işi vardı? Merak, kafa karışıklığı, eğlence, sıkıntı – sabahleyin birbirini izleyen bu hislerin hepsini takip edip adlandırabiliyordum. Öfke, o siyah yılan, aralarında mı gezinmişti? Evet, diyordu çizim, öfke aralarında gezinmişti. Bu beni kaçınılmaz bir şekilde içimdeki şeytanı uyandıran kitaba, cümleye yönlendirdi; bu, profesörün, kadınların akli, ahlaki ve fiziki yetersizliğine dair ifadesiydi. Nabzım hızlanmıştı. Yanaklarım kızarmıştı. Öfkeden kan beynime sıçramıştı. Ne kadar çocukça olursa olsun bu duruma şaşırtıcı diyemezdik. Kimse –yanımdaki öğrenciye baktım– hazır kravat takan ve iki haftadır tıraş olmamış küçük bir erkekten doğası itibariyle zayıf olduğunu duymak istemez. İnsanın çocukça kibirleri vardır. Bu son derece doğal, diye düşündüm ve öfkeli profesörün yüzüne tekerlekler ile daireler çizmeye başladım, ta ki yanan bir çalıyı ya da alev almış bir kuyrukluyıldızı andırana, her halükârda insana benzemeyen, insani değeri olmayan bir ifrite dönene dek. Profesör şimdi Hampstead Heath'in tepesinde yanan çalı çırpıdan ibaretti. Böylece benim kendi öfkem açıklanıp bir kenara kaldırılmıştı ama hâlâ merak ediyordum. Profesörlerin öfkesi nasıl açıklanacaktı? Neden öfkelilerdi? Zira bu kitapların insanda bıraktığı izlenimi çözümlediğimizde hep bir kızgınlık öğesiyle karşılaşıyorduk. Bu kızgınlık farklı şekiller alıyordu; yergi, hassasiyet, merak, kınama olarak kendini gösteriyor, öte yandan hemen tanımlanamıyordu. Öfke, diyordum buna. Ama yeraltına inmiş, türlü türlü başka duygunun arasına karışmış bir öfkeydi. Garip etkilerine bakılacak olursa kılık değiştirmiş, karmaşık bir öfkeydi, yalın ve açık bir öfke değildi.

Sebebi ne olursa olsun bu kitapların cümlesi, diye düşündüm masadaki yığını süzerek, benim amacım doğrultusunda değersiz. Yani bilimsel açıdan değersizlerdi, yoksa insancıl açıdan yol gösterici, ilgi uyandırıcı, can sıkıcılardı, üstelik Fiji Adaları'nın sakinleriyle ilgili son derece değişik bilgilerle dolulardı. Ama gerçeğin beyaz ışığında değil, duygunun kırmızı ışığında yazılmışlardı. Bu yüzden girişteki masaya iade edilmeleri, dev arı kovanındaki hücrelerine dönmeleri gerekiyordu. O sabahki çalışmadan elime geçen tek şey öfke olgusu olmuştu. Profesörler -onları bu şekilde gruplandırdım- öfkeliydi. Ama neden, diye sordum kendi kendime, kitapları geri verdikten sonra, neden, diye tekrar ettim kemer altında güvercinlerle tarihöncesinden kanoların yanında dururken, neden öfkelilerdi? Kendime bu soruyu sorduktan sonra öğle yemeği yiyebileceğim bir yer arayarak yürümeye başladım. Şimdilik öfkeleri olarak nitelediğim bu şeyin gerçek doğası ne? diye sordum. British Museum yakınlarındaki küçük bir lokantada yemeğim önüme gelene dek çözmekle uğraşacağım bir bilmeceydi bu. Önceki müşterilerden biri sandalyede akşam gazetesinin öğle baskısını bırakmıştı, yemeği beklerken manşetleri öylesine okumaya başladım. Sayfayı kocaman harflerden oluşan bir satır kaplamıştı. Birileri Güney Afrika'da büyük bir vurgun yapmıştı. Daha küçük satırlar Sir Austen Chamberlain'ın Cenevre'de olduğunu duyuruyordu. Bir kilerde üstünde insan saçı olan bir satır bulunmuştu. Hâkim Mr ... Aile Mahkemeleri'nde kadınların arsızlığından bahsetmişti. Gazetenin orasında burasında başka haberler vardı. Bir film aktrisi California'da bir tepeden sarkıtılmış ve havada asılı durmuştu. Hava sisli olacaktı. Bu gezegene kısacık bir süre uğrayan bir ziyaretçi bu gazeteyi görse, diye düşündüm, sırf bu dağınık ifadelerden bile İngiltere'nin ataerkil bir yönetime sahip olduğunu anlar. Aklı başında birinin profesörün egemenliğini sezmemesi işten değildi. Profesör güçtü, paraydı, nüfuzdu. Profesör gazetenin sahibiydi, yazı işleri müdürüydü, editörüydü. Profesör dışişleri bakanıydı, hâkimdi. Profesör kriket oyuncusuydu, yarış atları, yatları vardı. Profesör hissedarlarına yüzde iki yüz ödeme yapan şirketin yöneticisiydi. Profesör başında kendisinin olduğu hayır kurumları ile üniversitelere milyonlar bırakıyordu. Film aktrislerini havada asılı tutuyordu. Satırdaki saçın insan saçı olup olmadığına o karar verecekti; katili aklayacak, suçlu bulup asacak ya da serbest bırakacak olan oydu. Sis dışında her şeyi o kontrol ediyor gibiydi. Yine de öfkeliydi. Şu gösterge sayesinde biliyordum öfkeli olduğunu. Kadınlarla ilgili yazdıklarını okuduğumda ne dediğine değil, onun şahsına odaklanmıştım. İnsan bir konuyu tarafsızca tartıştığında sadece savını düşünür, o zaman okur da ister istemez savı düşünmek zorunda kalır. Profesör kadınlar hakkında tarafsız yazılar yazsaydı, savını desteklemek için su götürmez kanıtlar sunsaydı, sonucun öyle değil de böyle çıkmasını dilediğine dair en ufak bir imada bulunmasaydı o zaman insan da öfkelenmezdi. O zaman insan bezelyenin yeşil, kanaryanın sarı olduğunu kabullendiği gibi kabul ederdi gerçekleri. Öyle olsun bakalım, demeliydim. Ama öfkelenmiştim çünkü o öfkeliydi. Ama, diye düşündüm gazeteyi çevirirken, böylesi güce sahip bir erkeğin öfkeli olması çok saçma. Yoksa öfke, diye sordum kendime, bir şekilde gücün yardımcı peri dostu mu? Örneğin zenginler genelde öfkelidir çünkü yoksulların, servetlerini ele geçirmek istediklerini sanırlar. Profesörler, daha doğru bir ifadeyle ataerkiller kısmen bu yüzden öfkeli olabilir; ama kısmen de yüzeyin biraz daha altında yatan bir sebepten öfkeliler. Belki "öfkeli" bile değillerdi; özel hayatlarındaki ilişkilerde gerçekten de çoğunlukla takdir dolu, sadık, ibretlik kişilerdi. Belki de profesör, kadınların yetersizliğini biraz fazlaca vurgularken aslında kadınların yetersizliğiyle değil de kendi üstünlüğüyle meşguldü. Nevri dönmüş halde, üstüne basa basa koruduğu şey buydu çünkü bu onun en nadide, en kıymetli mücevheriydi. Hayat iki cins için de –kaldırımda itiş kakış ilerlemelerini seyrediyordum– zahmetli ve zor, daimi bir mücadele. Müthiş bir cesaret, müthiş bir güç gerektiriyor. Kendimizi yanılsamalara nasıl kolay kaptıran yaratıklar olduğumuz düşünülürse belki her şeyden de çok kendine güvenmeyi gerektiriyor. Kendimize güvenmezsek süt çocuğundan farkımız kalmaz. Peki bu ölçülemez ama bir o kadar da paha biçilemez niteliğe en hızlı nasıl sahip olabiliriz? Başkalarının bizden yetersiz olduğunu düşünerek. Doğuştan gelen bir özellikle –belki varlık, belki mevki, düz bir burun ya da Romney tarafından resmedilmiş bir büyükbaba; zira insanın hayal gücünün acınası buluşlarının sonu gelmez– başka insanlardan üstün olduğunu hissederek. Fethetmesi, hükmetmesi gereken ataerkilin çok sayıda insanın, belki de insan ırkının yarısının doğası itibariyle ondan yetersiz olduğunu hissetmesi işte bu yüzden elzemdir. Bu kuşkusuz gücünün temel kaynaklarından biri olmalıdır. Ama bu gözlemin ışığını bir de gerçek hayata tutayım, diye düşündüm. Bu, günlük yaşamın kıyısında köşesinde insanın dikkatini çeken o psikolojik bilmecelerin bir kısmını açıklıyor mu? Geçen günkü hayretimi; tanıdığım en insancıl, en mütevazı erkek olan Z. eline aldığı bir Rebecca West kitabından bir pasaj okuduktan sonra, “Katıksız feminist! Erkekler züppeymiş!” diye haykırınca duyduğum hayreti açıklıyor mu? Beni şaşırtan bu haykırış –zira Miss West karşı cinse dair övgü dolu denemese de gerçek sayılabilecek bir yorum yaptı diye neden katıksız bir feminist sayılıyordu?– sadece zedelenmiş bir kibrin feryadı değildi; erkeğin kendine inanma gücünün bir şekilde ihlal edilmesine karşı bir isyandı. Kadınlar yüzyıllardır erkek bedenini doğal boyutunun iki katı göstermek gibi harikulade bir güce ve sihre sahip ayna görevi görmüşlerdir. Bu güç olmasa dünya herhalde bataklık ve orman olarak kalırdı. Tüm o şanlı savaşlar hiç yaşanmazdı. Hâlâ kuzu kemiği artıklarına geyik şekilleri çiziyor, koyun derisi ya da kaba zevkimize hitap eden basit süs neyse onun için çakmaktaşı takas ediyor olurduk. Üstinsanlar ve *Fingers of Destiny* [Kaderin Parmakları] hiç olmazdı. Çar ve kayser hiç taç takmaz, hiç tahttan düşmezdi. Uygar toplumlarda kullanımları ne olursa olsun, aynalar şiddet içeren ve kahramanca her tür eylemin vazgeçilmezidir. Napoléon’un da Mussolini'nin de kadınların yetersizliğini bu derece ısrarla vurgulamasının sebebi budur; zira kadınlar yetersiz olmazsa onlar da kendilerini dev aynasında göremezler. Bu, erkeklerin kadınlarına duyduğu ihtiyacı kısmen açıklıyor. Kadının eleştirel bakışı altında huzursuzlanmalarını da; kadının, bu kitap kötü, bu resim başarısız vesaire gibi bir yorum dile getirdiğinde aynı eleştiriyi yapan bir erkeğe kıyasla katbekat acı ve öfke uyandırmasını da açıklıyor. Çünkü kadın gerçeği söylemeye başlarsa dev aynasındaki beden küçülür, hayatla uyumunu yitirir. Erkek kendini kahvaltıda, akşam yemeğinde asıl boyundan en az iki kat büyük görmezse yargı dağıtmaya, yerlileri medenileştirmeye, yasa çıkarmaya, kitap yazmaya, takıp takıştırıp şölenlerde konuşmalar yapmaya nasıl devam edebilir? Ekmeğimi ufalayıp kahvemi karıştırırken, ara sıra başımı kaldırıp sokaktaki insanlara bakarken işte bunları düşündüm. Ayna imgesi fevkalade önemli çünkü yaşama sevincini artırıyor, sinir sistemini uyarıyor. Onu elinden aldığınız zaman erkek, kokainsiz kalmış bir uyuşturucu müptelası gibi ölüp gidebilir. Bu yanılsamanın büyüsünde, diye düşündüm camdan dışarı bakarak, kaldırımdaki insanların yarısı işe gidiyor. Sabahları bu yanılsamanın hoş huzmeleri altında şapkalarını takıp paltolarını giyiyorlar. Güne kendine güvenle, dimdik durarak, Miss Smith'in çay partisinde istendikleri inancıyla başlıyorlar; odaya girerken kendilerine, buradaki insanların yarısından daha üstünüm, diyorlar; toplumsal hayatta etkileri derinden görülen, bireyin zihninde ise bir kenara böyle ilginç notların düşülmesine neden olan o kendine güvenleri, o kendine inançları konuşmalarına işte bu sayede yansıyor.

Ama karşı cinsin psikolojisi denen tehlikeli ve büyüleyici konuya dair bu düşünceler –umarım yılda beş yüz pound'unuz olduğunda siz de irdeleyeceksinizdir bu konuyu– hesabı ödeme zorunluluğuyla bölündü. Yemek beş şilin dokuz peni tutmuştu. Garsona on şilin verince bana para üstü getirmeye gitti. Cüzdanımda bir on şilin daha vardı, bu dikkatimi çekti çünkü hâlâ nefesimi kesen bir olgu bu – cüzdanımın kendiliğinden on şilinlik banknotlar üretebilmesi. Açıyorum ve işte karşımdalar. Toplum bana tavukla kahve, yatakla başımı sokacak bir yer veriyor, karşılığında onlara bana bir teyzeden, sadece adını paylaşıyorum diye kalan kâğıtların bir kısmını veriyorum.

Size teyzemin, Mary Beton'ın Bombay'da hava almaya çıktığında atından düşerek öldüğünü söylemeliyim. Bana kalan bu mirasın haberini, kadınların oy kullanmasına izin veren yasanın geçtiği dönemde bir gece vakti aldım. Posta kutuma bir avukattan mektup geldi, mektubu açtığımda teyzemin bana sonsuza dek yılda beş yüz pound bıraktığını öğrendim. Bu iki şeyden –oy hakkı ve para– sahip olduğum para bana çok daha önemli göründü. Hayatımı bundan önce gazetelerden yalvar yakar düzensiz iş alarak, kâh bir eşek gösterisini kâh bir düğünü yazarak idame ettirmek zorundaydım; zarflara adres yazarak, yaşlı hanımefendilere kitap okuyarak, suni çiçekler yaparak, anaokulundaki küçük çocuklara alfabe öğreterek üç-beş kuruş kazanmıştım. 1918'den önce kadınların yapabileceği temel işler bunlardı. Korkarım sizlere çalışmanın zorluklarını ayrıntılı bir şekilde anlatmama gerek yok zira siz de çalışan kadınlar tanıyor olabilirsiniz; kazanılan parayla geçinmenin güçlüğünü anlatmama da gerek yok zira bunu sizler de yaşamış olabilirsiniz. Ama üstümde bunların ikisinden de kötü bir iz bırakan, o günlerin bende uyandırdığı korku ve kin dolu zehirdir. Her şeyden önce yapmak istemediğin bir işi yapmak, üstelik yapmak istemediğin işte köle gibi çalışmak, yalakalık yapıp karşındakini pohpohlamak, bunu hep gerekli olmasa bile gerekli gibi göründüğünden ve şartlar risk alamayacağın kadar nazik olduğundan yapmak; sonra saklamanın ölüm anlamına geldiği o yeteneğin –küçük bir yetenek belki ama sahibi için dünyalara bedel– telef olduğu düşüncesi, onunla birlikte benliğimin de ruhumun da telef olması – tüm bunlar hayatımın baharını kurutan, ağacın kökünü çürüten bir pasa dönüştü. Ama dediğim gibi, teyzem öldü ve ne zaman on şilinlik bir banknot bozduracak olsam o pasla çürüme biraz siliniyor, korkuyla kin azalıyor. Gerçekten, dedim kendi kendime gümüş paraları cüzdanıma koyarken, o günlerin kinini düşünürsek düzenli bir gelirin insanın ruh halini bu denli değiştirebilmesi ne olağanüstü. Dünyadaki hiçbir güç beş yüz pound'umu elimden alamaz. Yiyecekler, ev, giysiler sonsuza dek benim. Dolayısıyla sadece çaba ve emek harcama zorunluluğu değil, nefret ve kin de yok oluyor. Herhangi bir erkekten nefret etmeme gerek yok çünkü beni incitemez. Herhangi bir erkeği pohpohlamama gerek yok çünkü bana verecek bir şeyi yok. Böylece insan ırkının diğer yarısına karşı farkında olmadan yeni bir tavır takındığımı hissettim. Bir bütün olarak herhangi bir sınıf ya da cinsiyeti suçlamak saçmaydı. Büyük insan toplulukları yaptıkları şeylerden hiçbir zaman sorumlu değildir. Kontrollerinde olmayan içgüdülerce yönetilirler. Onlar da -ataerkiller ve profesörler de- sonsuz güçlüklerle, korkunç engellerle boğuşuyordu. Onların eğitimi de bir açıdan benimki kadar eksikti. Aldıkları eksik eğitim onlarda da bendeki kadar büyük kusurlara yol açmıştı. Doğru, paraya ve güce sahiplerdi ama koyunlarında sonsuza dek karaciğerlerini parçalayan, akciğerlerini gagalayan bir kartal, bir akbaba beslemek pahasına: Sürekli başkalarının alanlarıyla mallarını arzulamalarına, sınırlar çizip bayraklar dikmelerine, savaş gemileri ve zehirli gaz üretmelerine, kendi hayatlarıyla çocuklarının hayatlarını feda etmelerine neden olan sahip olma güdüsü, ele geçirme tutkusu. Amirallik Kemeri'nden geçin (şimdi bu anıta varmıştım) ya da ganimetlerle toplara ayrılan başka herhangi bir caddede yürüyün ve buralarda ne tür bir şan el üstünde tutuluyor, düşünün. Bahar güneşinde borsacıyla büyük avukatın para kazanmak, daha çok para, daha da çok para kazanmak için kapalı alanlara girmelerini seyredin, insanın güneş ışığında hayatta kalmasına yılda beş yüz pound'un yeteceği gerçeğini aklınızda tutarak. Böyle içgüdüler beslemenin tatsız olduğunu düşündüm. Cambridge dükünün heykeline, özellikle de eğik duran şapkasının tüylerine daha önce kimsenin bakmadığı kadar yakından bakıp incelerken, bunlar hayat şartları yüzünden, medeniyet yoksunluğu yüzünden ortaya çıkıyor, diye düşündüm. Bu engellerin farkına vardıkça da korku ile kin yavaş yavaş acıma ile hoşgörüye dönüştü, bir-iki yıl içinde de acıma ile hoşgörü yerini o en büyük rahatlığa, her şeyi kendi içinde değerlendirebilme özgürlüğüne bıraktı. Şu bina örneğin, şu binayı seviyor muyum sevmiyor muyum? Şu resim güzel mi çirkin mi? Şu kitap kanaatimce iyi mi kötü mü? Teyzemin mirası benim için gerçekten de gökyüzünün üstündeki örtüyü kaldırdı; Milton'ın sürekli hayranlık duymamı önerdiği büyük, heybetli beyefendi imgesinin yerini açık gökyüzünün almasını sağladı.

Böyle düşünerek, böyle tahminler yürüterek nehrin yanındaki evime vardım. Lambalar yakılıyordu; sabah saatinden bu yana Londra tarif edilemez bir değişim geçirmişti. Büyük makine tüm gün çalıştıktan sonra bizim de yardımımızla çok güzel ve heyecan verici bir şeyden birkaç metre üretmişti adeta – üstünde kırmızı gözler parlayan ateşli bir kumaş parçası, kükredikçe ağzından dumanlar tüten sarımtırak kahverengi bir canavar. Evlere çarpıp panoları sallayan rüzgâr bile bir bayrak gibi savruluyordu sanki.

Ama benim küçük sokağıma evcimenlik hâkimdi. Boyacı merdiveninden iniyordu; dadı çocuk odasında çay saati için puseti dikkatle eve sokuyordu; kömürcü boş çuvallarını katlayıp üst üste diziyordu; manav dükkânına bakan kadın kırmızı eldivenli elleriyle günün hasılatını hesaplıyordu. Ama ben omuzlarıma yüklediğiniz sorunla öyle meşguldüm ki bu sıradan görüntüleri bile konuyla ilişkilendirmeden görüp geçemiyordum. Bu mesleklerin hangisinin daha üstün, daha gerekli olduğu sorusunu yanıtlamanın bugün belki yüz yıl önceye kıyasla bile çok daha zor olduğunu düşündüm. Kömürcü olmak mı daha iyi dadı mı; sekiz çocuk büyüten hizmetçi kadının dünyaya sağladığı katkı yüz bin pound kazanan avukatınkinden daha mı değersiz? Bu tür sorular sormak nafile zira yanıtlar kimsede yok. Hizmetçi kadınlar ile avukatların görece değerleri on yıldan on yıla yükselip alçalmakla kalmıyor, onları içinde bulunduğumuz anda tartmamızı sağlayacak bir ölçeğimiz bile yok. Profesörümden kadınlarla ilgili savını "inkâr edilemeyecek kanıtlar"la bezemesini istemem gülünçtü. İnsan şu an herhangi bir yeteneğin değerini ölçebilse bile değerler değişecek, yüz yıl içinde muhtemelen bütünüyle değişmiş olacaklar. Dahası yüz yıl içinde, diye düşündüm kapıma vardığımda, kadınlar korunan cinsiyet olmaktan çıkacak. Mantıken bir zamanlar mahrum bırakıldıkları tüm etkinlik ve uğraşlarda yer alacaklar. Dadı kömür taşıyacak. Tezgâhtar makinist olacak. Kadınların korunan cinsiyet olduğu zaman riayet edilen gerçeklere dayalı tüm varsayımlar yok olacak; örneğin (bu noktada sokaktan bir bölük asker geçti) kadınların, papazların ve bahçıvanların başkalarından daha uzun yaşadığı gerçeği. Bu korumayı kaldırın, onları aynı uğraşlara ve eylemlere maruz bırakın, onları asker yapın, denizci yapın, makinist yapın, liman işçisi yapın ve görün bakalım kadınlar erkeklerden çok daha genç, çok daha çabuk ölmüyor mu; insanlar eskiden, "Bugün bir uçak gördüm," dedikleri gibi, "Bugün bir kadın gördüm," demiyor mu. Kadınlık korunan bir meslek olmaktan çıktığında her şey olabilir, diye düşündüm kapıyı açarken. Ama tüm bunların benim yazımın konusuyla, "Kadınlar ve Kurmaca"yla ne ilgisi var? diye sordum içeri girerken.

3

Akşamleyin eve önemli bir cümleyle, şüphe götürmez bir olguyla dönememenin hayal kırıklığını yaşıyordum. Kadınlar erkeklerden daha yoksuldur çünkü... şu ya da bu sebepten. Belki de artık gerçeği aramaktan vazgeçmek daha iyi olacaktı; lav kadar sıcak, bulaşık suyu kadar bulanık bir fikir çığının altında kalmazdım böylece. Perdeleri çekip dikkat dağıtıcı unsurlardan uzaklaşmak, lambayı yakıp soruşturma alanımı daraltmak ve fikirleri değil de gerçekleri kaydeden tarihçiden kadınların hangi şartlar altında yaşadığını, çağlar boyunca değil ama İngiltere'de, diyelim ki Elizabeth döneminde nasıl yaşadığını anlatmasını istemek daha iyi olacaktı.

Zira elinizi sallasanız şarkı ya da sone yazma becerisine sahip bir erkeğe çarpacakmış gibi dururken o olağanüstü edebiyata hiçbir kadının tek kelime bile katkıda bulunmayışı sonsuz bir bilmece. Kadınlar hangi şartlar altında yaşıyordu, diye sordum kendime çünkü kurmaca, yani hayal gücü gerektiren iş, belki bilimden farklı olarak bir çakıltaşı gibi yere bırakılamaz; kurmaca bir örümcek ağı gibidir, hayata belki narince ama yine de dört köşeden bağlıdır. Bu bağ genelde zor seçiliyor; örneğin Shakespeare'in oyunları kendi başlarına asılı duruyor gibidir. Ama ağ yamulduğunda, bir kenarı takıldığında, ortası yırtıldığında insan bu ağların görünmez yaratıklar tarafından orta yere öylesine örülmediğini, acı çeken insanların eseri olduğunu ve sağlık, para ya da içinde yaşadığımız evler gibi bütünüyle maddi şeylere bağlı olduğunu hatırlıyor.

Bu yüzden tarih kitaplarının durduğu rafa gidip yeni çıkanlardan birini, Profesör Trevelyan'ın *History of England*'ını [İngiltere'nin Tarihi] aldım. Yine "Kadınlar"a baktım, "konumu"nu buldum ve belirtilen sayfaları açtım. "Eşlerini dövmek," diye okudum, "erkeklere tanınan bir haktı ve sadece alt değil, üst sınıflar da bu hakkı utanıp sıkılmadan kullanırdı. ... Benzer şekilde," diye devam ediyor tarihçi, "anne babasının tercih ettiği beyefendiyle evlenmeyi reddeden kız çocuğu toplumda infial yaratmadan kilit altında tutulabilir, dövülebilir, yerlerde sürüklenebilirdi. Evlilik kişisel sevgi meselesi değil, ailenin açgözlülüğüyle ilgili bir mevzuydu, özellikle de 'centilmen' üst sınıflarda. ... Beşik kertmesi uygulaması yaygındı ve çocuklar dadıların kucağından indikleri gibi evlendirilirdi." Bu 1470 civarıydı, Chaucer'ın döneminden hemen sonra. Kadınların konumuna değinen bir sonraki kısım iki yüz yıl kadar sonra, Stuart'lar döneminden. "Üst ve orta sınıf kadınların kendi kocalarını seçebilmesi hâlâ istisnaydı, kocası başkaları tarafından belirlendikten sonra da yasa ile gelenekler elverdiğince kadının efendisi ve sahibi sayılıyordu. Oysa," diye sonuca bağlıyor Profesör Trevelyan, "ne Shakespeare'in kadınları ne de Verney'lerin, Hutchinson'ların kaleme aldığı, özgün 17. yüzyıl anı kitaplarında yer alan kadınlar kişiliksiz ve karaktersiz görünüyor." Gerçekten de şöyle bir düşünürsek Kleopatra'da şeytan tüyü olmalıydı; Lady Macbeth'in özgür iradeye sahip olduğu varsayılabilirdi; Rosalind'in çekici bir kız olduğu öne sürülebilirdi. Profesör Trevelyan, Shakespeare'in kadınları ne kişiliksiz ne karaktersiz, derken doğru söylüyordu. Tarihçi olmayan biri daha da ileri gidip kadınların zamanın başlangıcından beri tüm şairlerin eserlerinde fişek misali yandığını da söyleyebilir – oyun yazarları arasında Klytaimestra, Antigone, Kleopatra, Lady Macbeth, Phèdre, Cressida, Rosalind, Desdemona, Malfi düşesi; sonra düzyazı yazarları arasında Millamant, Clarissa, Becky Sharp, Anna Karenina, Emma Bovary, Mme de Guermantes – isimler zihne üşüşüyor, hiçbiri de akla "kişiliksiz ve karaktersiz" kadınları getirmiyor. Gerçekten de kadın sadece erkeklerin kurmacalarında var olsaydı müthiş nüfuzlu biri sanılırdı; çok yönlü; hem cesur hem acımasız; hem azametli hem aşağılık; hem olağanüstü güzel hem korkunç çirkin; erkek kadar büyük, kimilerine göre daha da büyük.[1] Ama bu, kurmacadaki kadın. Kadın gerçekte, Profesör Trevelyan'ın da dikkat çektiği gibi kilit altında tutuluyor, dövülüyor, yerlerde sürükleniyordu.

Böylece, bileşenlerden oluşan son derece tuhaf bir varlık doğuyor. Hayallerde müthiş önemli, hayatta ise tamamen değersiz. Şiirlere baştan sona nüfuz etmiş, tarihten ise neredeyse tamamen soyutlanmış. Kurmacada krallarla fatihlerin hayatlarına hükmediyor; gerçekte ise anne babasının parmağına yüzüğü zorla geçirdiği herhangi bir oğlanın kölesiydi. Edebiyattaki en ilham dolu kelimeler, en derin düşünceler onun dudaklarından dökülüyor; gerçek hayatta ise zar zor okuyor, zar zor yazıyor ve kocasının malı sayılıyordu.

1. "Kadınların odalık ya da köle olarak neredeyse oryantal bir baskı altında tutulduğu Athena'nın şehrinde Klytaimestra ile Kassandra, Atossa ile Antigone, Phèdre ile Medeia ve 'kadın düşmanı' Euripides'in oyunlarının hepsine hükmeden öteki kadın kahramanların sahnede hayat bulması tuhaf, açıklaması zor bir gerçektir hâlâ. Gerçek hayatta saygın bir kadının sokağa tek başına zor çıktığı, sahnede ise erkeğe eşit olduğu ya da erkeği geçtiği bu dünyadaki çelişkiye henüz tatmin edici bir açıklama getirilmedi. Modern tragedyada da aynı üstünlük söz konusu. Her halükârda Shakespeare'in eserlerini (Marlowe ya da Jonson'ı olmasa da benzer şekilde Webster'ı) üstünkörü incelemek kadınların bu baskınlığının, bu girişkenliğinin Rosalind'den Lady Macbeth'e her kadında olduğunu görmeye yetiyor. Racine'de de aynı durum söz konusu, altı tragedyası kadın kahramanlarının adlarını taşıyor; Hermione ile Andromaque'ın, Bérénice ile Roxane'ın, Phèdre ile Athalie'nin karşısına hangi erkek karakterleri koyabiliriz ki? Ibsen'de de aynı şey geçerli; Solveig, Nora, Hedda, Hilda Wangel ve Rebecca West ile hangi erkekleri yarıştırabiliriz?" –F. L. Lucas, *Tragedy* [Tragedya], s. 114-115.

Başta tarihçileri, ardından şairleri okuyunca ortaya gerçekten tuhaf bir mahluk çıkıyordu – kartal kanatlı bir solucan, hayat ile güzelliğin mutfakta içyağı kesen ruhu. Ama hayal gücünü ne kadar eğlendirirse eğlendirsin bu mahluklar gerçekte mevcut değiller. Kadını canlandırmak için insanın aynı anda hem şiirsel hem de alelade düşünmesi, böylece gerçeklerle bağını koruması gerekiyor – onu Mrs Martin olarak düşünmeli, otuz altı yaşında, mavi elbiseli, siyah şapkalı ve kahverengi ayakkabılı; ama aynı zamanda kurmacayı da göz ardı etmemeli, onu çeşitli ruhlarla güçlerin içinde sürekli aktığı, sürekli ışıldadığı bir aracı olarak da görmeli. Oysa bu yöntem Elizabeth dönemi kadını üstünde denendiği anda aydınlatıcı dallardan biri kırılıyor; insan bilgi eksikliğine takılıyor. Kadın hakkında ayrıntılı, tamamı doğru, elle tutulur hiçbir şey bilinmiyor. Tarih ondan nadiren bahsediyor. Tarihin Profesör Trevelyan için ne anlama geldiğini öğrenmek için yine kitaba döndüm. Bölüm başlıklarına bakarak şu anlama geldiğini öğrendim:

"Derebeylik Mahkemeleri ve Açık Arazi Tarımcılık Yöntemleri... Sistersiyenler ve Koyunculuk... Haçlı Seferleri... Üniversite... Avam Kamarası... Yüzyıl Savaşları... Güller Savaşı... Rönesans Bilginleri... Manastırların Kapanması... İngiltere'nin Deniz Gücünün Kökeni... Armada..." vesaire. Ara sıra belirli bir kadının adı geçiyor; bir Elizabeth ya da bir Mary, bir kraliçe ya da büyük bir hanımefendi. Ama akıllarıyla karakterlerinden başka bir şeye sahip olmayan orta sınıf kadınlar, bir araya gelince tarihçinin geçmişe bakışını oluşturan büyük hareketlerin hiçbirinde yer alamazdı. Onu anı derlemelerinde de bulamayız. Aubrey ondan hemen hiç bahsetmiyor bile. Kadın kendi hayatını yazmıyor, nadiren günlük tutuyor; sadece birkaç mektubu mevcut. Onu değerlendirebileceğimiz ne bir oyun ne de bir şiir bırakmış bize. İnsana gereken şey, diye düşündüm –bunu Newnham ya da Girton'daki harikulade bir öğrenci neden sunmuyordu?– bir bilgi yığını; kaç yaşında evlendi; genelde kaç çocuğu oluyordu; evi neye benziyordu; kendine ait bir odası var mıydı; yemeği o mu pişiriyordu; hizmetçiye sahip olma ihtimali yüksek miydi? Bu bilgilerin hepsi herhalde bir yerlerde, muhasebe ve kilise kayıt defterlerinde duruyordur; ortalama bir Elizabeth dönemi kadınının hayatı bir yerlere dağılmış olmalıydı, birileri onu toplayıp bir kitap hazırlayabilirdi. O ünlü üniversitelerdeki öğrencilere tarihi baştan yazmalarını önermek benim cesaret edemeyeceğim kadar cüretkâr bir hareket olur, diye düşündüm, gözlerim raflarda var olmayan kitapları ararken, oysa tarihin şu anki haliyle biraz tuhaf durduğunu düşünmüşümdür hep, gerçekdışı, eğik; ama tarihe neden bir ek yapmasınlar, kadınların bu tarihte eğreti durmaması için de adını göze batmayacak bir şey koymasınlar? Çünkü insan onlara büyüklerin hayatında bir anlığına da olsa sıklıkla rastlıyor; arka plana saklanmış halde, bazen bir göz kırpışı, bir gülüşü, belki gözyaşını saklarken. Hem ne de olsa Jane Austen'ın hayatıyla ilgili yeterince yazılıp çizildi; Joanna Baillie'nin tragedyalarının Edgar Allan Poe'nun şiiri üzerindeki etkisini tekrar değerlendirmek artık pek gerekli değil gibi; bana gelince, Mary Russell Mitford'ın evleri ile uğrak yerleri halka en az yüz yıl kapalı kalsa üzülmem. Ama bana içler acısı gelen, diye düşünmeye devam ettim kitaplığa tekrar bakarken, kadınlarla ilgili 18. yüzyıldan önce hiçbir şey bilinmemesi. Zihnimde evirip çevirebileceğim bir tip yok. Ben tutmuş Elizabeth döneminde kadınların neden şiir yazmadığını soruyorum, oysa ne tür bir eğitim gördüklerinden emin değilim; ümmi miydiler, kendilerine ait bir salonları var mıydı, kaçı daha yirmi birine gelmeden çocuk sahibi oluyordu, kısacası sabahın sekizinden akşamın sekizine kadar ne yapıyorlardı, bilmiyorum. Görünüşe göre paraları yoktu; Profesör Trevelyan'a göre isteseler de istemeseler de daha çocuk odasından çıkmadan, muhtemelen on beş-on altısında evlendiriliyorlardı. Sırf bunlar düşünüldüğünde bile birinin tutup aniden Shakespeare'in oyunlarını yazması fevkalade tuhaf olurdu, diye karar verdim, sonra aklıma o yaşlı beyefendi geldi; çoktan ölmüştü ama hayattayken sanırım piskopostu ve geçmişte, şimdiki zamanda ya da gelecekte herhangi bir kadının Shakespeare'in dehasına sahip olmasının imkânsız olduğunu beyan etmişti. Bu konuda gazetelere yazmıştı. Aynı zamanda ona bilgi için başvuran bir hanımefendiye kedilerin cennete gitmediğini söylemiş, yine de bir tür ruhları olduğunu eklemişti. Bu yaşlı beyefendiler eskiden insanları düşünmekten ne de güzel kurtarıyordu! Karşılarında cehalet ne de güzel geriliyordu! Kediler cennete gitmez. Kadınlar Shakespeare'in oyunlarını yazamaz.

Yine de rafta Shakespeare'in eserlerine bakarken piskoposun en azından bu konuda haklı olduğunu düşünmeden edemedim; Shakespeare'in döneminde herhangi bir kadının Shakespeare'in oyunlarını yazması her açıdan, bütünüyle imkânsız olurdu. Somut bilgilere ulaşmak böyle zor olduğuna göre müsaadenizle Shakespeare'in sözgelimi Judith adında olağanüstü yetenekli bir kız kardeşi olduğunu hayal edeceğim. Shakespeare'in kendisi büyük ihtimalle –zira annesine miras kalmıştı– okula gitmişti, burada Latincenin –Ovidius, Vergilius ile Horatius– yanı sıra dilbilgisi ve mantığın temel taşlarını öğrenmiş olabilir. Shakespeare'in ele avuca sığmaz bir çocuk olduğu iyi biliniyor, tavşan avlıyor, belki geyik vuruyordu; çevresinden bir kadınla makul olandan erken yaşta evlenmiş, doğru olandan daha hızlı bir şekilde çocuk yapmıştı. Bu maceranın ardından şansını denemeye Londra'ya gitmişti. Görünüşe göre tiyatroya düşkündü, tiyatroda çalışmaya sahne kapısında atları tutarak başlamıştı. Kısa sürede içeride iş bulmuş, başarılı bir oyuncu olmuştu; evrenin merkezinde yaşıyor, herkesle tanışıyor, herkesi tanıyor, sahnelerde sanatını icra ediyor, sokaklarda zekâsını biliyor, kraliçenin sarayına bile girebiliyordu. Diyelim ki tüm bu esnada olağanüstü yetenekli kız kardeşi evde kalmıştı. O da bir o kadar maceraperestti, hayal gücü bir o kadar genişti, dünyayı görmeye bir o kadar hevesliydi. Ama o okula gönderilmedi. Dilbilgisi ve mantık öğrenme şansı olmadı, hele ki Horatius ve Vergilius okuma şansı hiç olmadı. Ara sıra eline bir kitap, belki ağabeyinin kitaplarından biri geçiyordu, o zaman birkaç sayfa okuyordu. Ama sonra anne babası gelip ona çorapları yamamasını, yahniyi karıştırmasını, kitap ve gazete okuyarak hayallere dalmamasını söylüyordu. Kuşkusuz sert ama nazik bir tonla konuşuyorlardı zira varlıklı insanlardı, kadınların ne tür şartlarda yaşadıklarının farkındalardı ve kızlarını seviyorlardı; hatta kızı muhtemelen babasının gözbebeğiydi. Belki de elma depoladıkları çatı katında gizlice birkaç sayfa karalıyordu ama bunları mutlaka ya gizliyor ya da yakıyordu. Ancak yakında, yeniyetmelikten çıkmadan yün taciri komşunun oğluyla sözlenecekti. Evlilik fikrinden nefret ettiğini haykırdı, bu sebeple babasından ağır bir dayak yedi. Sonra babası onu azarlamaktan vazgeçti. Bunun yerine onu incitmemesi, evlilik konusunda utandırmaması için yalvarmaya başladı. Ona boncuk kolye ya da güzel bir jüpon vereceğini söyledi; gözleri yaşlarla dolmuştu. Kız babasına nasıl karşı gelirdi? Kalbini nasıl kırardı? Kızı cesaretlendiren tek şey kendi yeteneğinin gücüydü. Eşyalarını küçük bir çıkına topladı, bir yaz gecesi iple camdan aşağı indi ve Londra'nın yolunu tuttu. Daha on yedisinde bile yoktu. Çalılıklarda öten kuşlar onun kadar ahenkli değildi. Ağabeyi gibi o da kelimelerin tınısını hemen algılayabiliyordu. Ağabeyi gibi o da tiyatroya düşkündü. Sahne kapısında durdu, oyuncu olmak istediğini söyledi. Erkekler yüzüne güldüler. Yönetici –şişko, çenesi düşük bir adam– kahkahalara boğuldu. Kanişlerin dans edip kadınların oyunculuk yapmasına dair bir şeyler böğürdü – hiçbir kadının oyuncu olamayacağını söyledi. İmalı bir şekilde ekledi... ne eklediğini tahmin edebilirsiniz. Kız sanatında eğitim alamadı. Bir handa yemek yiyip gece yarısı sokaklarda gezebilecek miydi hem? Ama kurmacada bir dehaydı, erkeklerle kadınların hayatlarından doya doya beslenip alışkanlıklarını incelemek için yanıp tutuşuyordu. Sonunda –zira çok gençti, yüzü de tuhaf bir şekilde ozan Shakespeare'inkine benziyordu, aynı gri gözler ile yuvarlak kaşlara sahipti- sonunda oyuncu-menajer Nick Greene[1] ona acıdı; kız kendini bu beyefendiden hamile kalmış buldu, bu yüzden -bir kadının bedeninde kısılı kalan, ozanın yüreğinde beslediği ateş ile şiddetin boyutunu kim ölçebilir?- bir kış gecesi intihar etti; şimdi Elephant and Castle mahallesinin dışında, omnibüslerin durduğu bir dörtyol ağzında yatıyor.

Shakespeare'in döneminde bir kadın Shakespeare'in dehasına sahip olsaydı bence hikâyesi aşağı yukarı bu şekilde ilerlerdi. Ama şahsen, doğru hatırlıyorsam piskopos olan müteveffaya katılıyorum - Shakespeare'in döneminde hiçbir kadın Shakespeare'in dehasına sahip olamazdı. Zira Shakespeare'inki gibi bir deha çalışan, eğitimsiz, köle ruhlu insanların arasından çıkmaz. İngiltere'de Saksonlar ile Britanyalılar arasından çıkmadı. Bugün işçi sınıfından çıkmıyor. O zaman Profesör Trevelyan'a göre çalışmaya neredeyse daha çocukken başlayan, yasalarla geleneklerin de desteğiyle ebeveynleri tarafından çalışmaya zorlanan kadınlar arasından nasıl çıkacaktı? Yine de, tıpkı işçi sınıfında olması gerektiği gibi kadınlar arasında da bir tür deha mevcut olmalıydı. Ara ara bir Emily Brontë ya da bir Robert Burns alevlenerek varlığını kanıtlıyor. Ama varlığını kâğıda hiç dökmediği kesin. Yine de bir cadının suya batırıldığını, bir kadının içine şeytan kaçtığını, bilge bir kadının şifalı otlar sattığını, hatta olağanüstü bir adamın annesini okuyunca, işte o zaman yitik bir romancının, baskılanmış bir şairin izinde olduğumuzu düşünüyorum; sesi çıkmayan ve tanınmayan bir Jane Austen'ın, yeteneği yüzünden çektiği işkencelerden delirerek bozkırda beynini uçurmuş ya da yollarda kendini paralamış bir Emily Brontë'nin izinde. Hatta tahmin yürütmem gerekse, onca anonim şiirin çoğunlukla bir kadına ait olduğunu söylerim. Sanırım Edward FitzGerald'ın dediği gibi, balatlarla türküleri yazan, ço-

1. Nicholas Greene aynı zamanda Woolf'un *Orlando* romanındaki ünlü yazar-eleştirmenin adıdır. (Ç.N.)

cuklarına mırıldanan, ipliğini bunları söylerken eğiren ya da uzun bir kış gecesini bunlarla bezeyen bir kadındı.

Bu doğru da olabilir yanlış da -kim bilebilir ki?- ama Shakespeare'in kız kardeşinin hikâyesini bir yandan yazıp bir yandan gözden geçirirken bana şu doğru geldi: 16. yüzyılda büyük bir yetenekle doğan herhangi bir kadın şüphesiz delirir, kendini vurur ya da ömrünü, kasabanın dışında ıssız bir kulübeye kapanıp yarı cadı yarı büyücüye, korkulan, alay edilen birine dönüşmüş halde geçirirdi. Zira sıra dışı yetenekli olup da bu şiir yeteneğini kullanmaya çalışan bir kız başkaları tarafından sürekli kösteklenip engellenir, kendi zıt içgüdüleri tarafından da sürekli ıstırap içinde parçalara bölünürse o kızın sağlığını ve akli melekelerini yitireceğini tahmin etmek için psikoloji uzmanı olmaya gerek yok. Londra'ya gidip, bir sahne kapısında durup oyuncu-menajerlerin arasına zorla giren her kız şiddete maruz kalacak, mantık dışı da olsa -çünkü namus belli toplumlar tarafından belirsiz sebeplerden icat edilmiş bir fetiş sayılabilir- bir o kadar kaçınılmaz bir acı çekecekti. Namus o zamanlar kadının hayatında dinî öneme sahip bir kavramdı, hatta şimdi bile öyle; sinirlere ve içgüdülere öyle bir dolanmış ki onu kesip kurtulmak, onu gün ışığına çıkarmak en nadir rastlanan türde bir cesaret gerektiriyor. 16. yüzyılda Londra'da özgür bir yaşam sürmek oyun yazarı, şair bir kadın için gergin bir asabiyet ve açmaz demekti, bu onu pekâlâ ölüme götürebilirdi. Hayatta kalsaydı yazacakları belki de gergin ve hastalıklı bir hayal gücünden çıkacak, çarpık ve eğreti olacaktı. Ayrıca şüphesiz, diye düşündüm kadınların yazdığı tek bir oyun bulunmayan rafa bakarak, eserlerini imzalamayacaktı. Adsızlığa sığınacaktı kesinlikle. Kadınları 19. yüzyıl gibi geç bir tarihte bile anonim kalmaya iten, o eskiden kalma namus algısıydı. Currer Bell, George Eliot, George Sand, eserlerinin gösterdiği gibi hepsi de bir iç çekişmenin kurbanı olan bu yazarlar erkek adı kullanarak kendilerini nafile yere saklamaya çalıştılar. Böylece karşı cins tarafından zorla uygulanmasa da şevkle el üstünde tutulan geleneği, kadının tanınırlığının mide bulandırıcı sayılması geleneğini (bir kadının en büyük şanı hakkında konuşulmamasıdır, demişti, hakkında sürekli konuşulan bir adam olan Pericles) sürdürdüler. Anonim kalmak kanlarında var. Örtünme arzusuna hâlâ kapılıyorlar. Şimdi bile ünlerinin şanıyla erkekler kadar ilgilenmiyorlar, genel olarak bir mezar taşının ya da yol tabelasının yanından geçerken üstüne adlarını kazımak için dayanılmaz bir arzuya kapılmıyorlar; oysa Alf, Bert ya da Chas bu içgüdüye itaat etmeden yapamıyor; içgüdüleri güzel bir kadının hatta bir köpeğin geçtiğini görünce hemen mırıldanmaya başlayıveriyor: *Ce chien est à moi*[1]. Tabii bu bir köpek olmayabilir, diye düşündüm Parlamento Meydanı'nı, Siegesallee'yi ve diğer caddeleri anımsayarak; bir toprak parçası ya da siyah kıvırcık saçlı bir erkek de olabilir. Kadın olmanın en büyük artılarından biri, çok güzel bir zenci kadının yanından bile geçerken onu bir İngiliz hanımefendisine dönüştürme ihtiyacı hissetmemektir.

Demek ki 16. yüzyılda şairlik yeteneğiyle doğan kadın mutsuz bir kadındı, kendisiyle çekişen bir kadın. Hayat şartları, içgüdüleri zihindekileri özgür bırakabilmek için gereken o ruh haline bütünüyle düşmandı. Ama yaratma eylemini en elverişli kılan ruh hali nedir? diye sordum. Bu tuhaf eylemi mümkün kılan, ilerlemesini sağlayan ruh haline dair bir olgu bulunabilir miydi? Bu noktada Shakespeare'in tragedyalarını açtım. Shakespeare, örneğin, *Lear*'ı, *Antonius ve Kleopatra*'yı yazarken ne tür bir ruh halindeydi? Şiir için en hayırlı türde bir ruh hali olduğu su götürmezdi. Ama Shakespeare'in kendisi bu konuda hiçbir şey söylememişti. Sadece "hiçbir satırın üstünü çizmediğini", onu da tamamen tesadüfen, öylesine biliyoruz. Gerçekten de sanatçının kendisi ruh hali hakkında belki 18. yüzyıla kadar konuşmadı.

1. (Fr.) Bu köpek benim. (Ç.N.)

Bunu belki Rousseau başlattı. Her halükârda 19. yüzyıla gelindiğinde özfarkındalık öyle gelişmişti ki edebiyatçı erkekler itiraflarında ve otobiyografilerinde ruh hallerini açıklamayı alışkanlık haline getirmişti. Hayatları da yazılıyor, mektupları ölümlerinden sonra yayımlanıyordu. Dolayısıyla, Shakespeare'in *Lear*'ı yazarken neler yaşadığını bilmesek de Carlyle'ın *French Revolution*'ı [Fransız Devrimi] yazarken neler yaşadığını biliyoruz, Flaubert'in *Madam Bovary*'yi yazarken neler yaşadığını biliyoruz, Keats'in yaklaşmakta olan ölüm ile dünyanın kayıtsızlığı karşısında şiir yazmaya çalışırken neler yaşadığını biliyoruz.

İtiraflardan ve şahsi analizlerden oluşan bu devasa modern edebiyattan, dâhice bir eser yazmanın hemen her seferinde muazzam zorlukların üstesinden gelmeyi gerektiren bir başarı olduğunu anlıyor insan. Her şey, metnin yazarın zihninden tamamlanmış bir bütün olarak çıkma ihtimaline karşı. Genel olarak maddi koşullar karşı. Köpekler havlıyor, insanlar araya giriyor, para kazanılması gerekiyor, sağlık bozuluyor. Dahası, tüm bu zorlukları artırıp daha da dayanılmaz hale getiren, dünyanın o korkunç kayıtsızlığı. Dünya insanlardan şiirler, romanlar, tarihçeler yazmalarını istemiyor; buna ihtiyacı yok. Flaubert'in doğru kelimeyi bulup bulmamasını, Carlyle'ın şu ya da bu bilgiyi titizlikle teyit edip etmemesini umursamıyor. Doğal olarak istemediği şeyin karşılığını da ödemiyor. Böylece yazar, Keats, Flaubert, Carlyle özellikle de gençliğin yaratıcı yıllarında türlü türlü dikkat dağıtıcı, cesaret kırıcı unsura maruz kalıyor. Bu inceleme ve itiraf kitaplarından bir beddua, acı bir çığlık yükseliyor. "Büyük şairler sefalet içinde ölüyor"[1] – ezgilerinin bedeli bu. Tüm bunlara rağmen ortaya bir şeyin çıkması bir mucize, muhtemelen hiçbir kitap da tahayyül edildiği gibi bütünlüklü, hasarsız doğmuyor.

1. William Wordsworth'ün "Resolution and Independence" (Kararlılık ve Bağımsızlık) şiirinden. (Ç.N.)

Ama kadınların durumunda, diye düşündüm boş raflara bakarak, tüm bu güçlükler katbekat korkunçtu. Her şeyden önce, ailesi olağanüstü zengin yahut soylu değilse ta 19. yüzyılın başına kadar bile kendine ait bir odasının olması, hele ki sakin ya da ses geçirmeyen bir odasının olması mümkün değildi. Tutarı babasının iyi niyetine bağlı olan cep harçlığı sadece giysi almasına yetiyordu; Keats, Tennyson ya da Carlyle gibi yoksul adamların bile avuntu bulduğu rahatlıklardan; bir yürüyüş turuna katılmaktan, Fransa'ya kısa bir yolculuk yapmaktan acizdi; döküntü bile olsa insanı ailesinin talepleriyle zorbalıklarından koruyan ayrı bir evden mahrumdu. Bu maddi güçlükler çok büyüktü ama maddi olmayanlar daha da kötüydü. Keats'in, Flaubert'in, diğer yetenekli erkeklerin dayanmakta zorlandığı kayıtsızlık kadının durumunda kayıtsızlık değil, düşmanlıktı. Dünya kadına, erkeğe dediği gibi, İstersen yaz, benim için hiçbir önemi yok, demiyordu. Dünya kadına kahkahayı basarak, Yazmak mı? Sen yazsan ne olur ki? diyordu. Bu noktada Newnham ile Girton'ın psikologları bize yardımcı olabilir, diye düşündüm, yine raflardaki boşluklara bakarak. Çünkü cesaretinin kırılmasının sanatçının zihninde nasıl bir etki bıraktığını ölçme zamanı gelmişti artık kuşkusuz; tıpkı bir zamanlar bir süt firmasının, sıradan süt ile birinci kalite sütün bir fare üzerindeki etkilerini ölçtüğünü gördüğüm gibi. Yan yana kafeslere iki fare koymuşlardı; biri küçük, sinik, ürkek bir fareyken diğeri büyük, parlak ve cesurdu. Peki, sanatçı kadınları neyle besliyoruz? diye sordum, herhalde aklıma kuru erikle pudingden oluşan o akşam yemeği geldiğinden. Bu soruyu yanıtlamak için gazetenin akşam baskısını açmam yetti, karşıma Lord Birkenhead'in kadınların yazılarıyla ilgili... ama Lord Birkenhead'in kadınların yazılarıyla ilgili fikrini buraya kopyalama zahmetine girmeyeceğim. Başpapaz Inge'in yorumlarını oldukları yerde bırakacağım. Harley Sokağı'ndaki uzmanın bağırışları Harley Sokağı'nda yankılanabilir, benim tüylerimi ürpertmeyecek. Ama Mr Oscar Browning'den bir alıntı yapacağım çünkü Mr Oscar Browning bir zamanlar Cambridge'te büyük bir isimdi ve Girton ile Newnham'daki öğrencilere sınav yapardı. Mr Oscar Browning derdi ki, "Herhangi bir sınavın kâğıtlarını inceledikten sonra kapıldığım izlenim, ben ne puan verirsem vereyim en iyi kadının entelektüel açıdan en kötü erkekten yetersiz olduğu yönünde." Mr Browning bunu dedikten sonra odasına gitti –onu sevdiren, büyük ve heybetli bir insana dönüştüren de bu kısım– odasına gitti ve koltukta bir seyisin yattığını gördü; "Bir deri bir kemikti, avurtları çökmüş, beti benzi atmıştı, dişleri simsiyahtı, kolunu bacağını kıpırdatamıyor gibiydi. ... 'Bu Arthur,' [dedi Mr Browning]. 'Aslında çok iyi bir çocuk, çok da ahlaklı.'" Bu iki resmin birbirini tamamladığını düşünmüşümdür hep. Ne mutlu bize ki bu biyografiler çağında iki resim çoğunlukla birbirini tamamlıyor, böylece büyük adamların fikirlerini sadece sözlerinden değil, hareketlerinden de çıkarabiliyoruz.

Bugün böyle yapabiliyoruz ama elli yıl önce bile önemli insanların ağızlarından dökülen bu tür fikirler huşu uyandırıyor olmalıydı. Diyelim ki bir baba gerçekten iyi niyetinden kızının evden ayrılıp yazar, ressam ya da profesör olmasını istemiyor. "Bak, Mr Oscar Browning ne diyor," diyecekti; üstelik sadece Mr Oscar Browning değildi konuşan, *Saturday Review* da vardı, Mr Greg de –"Kadının varlığının temeli," demişti Mr Greg, "*erkeğin himayesine alınmasına, karşılığında da erkeği çekip çevirmesine* dayanır"–, eril görüşten oluşan koca bir literatür vardı ki kadınlardan entelektüel açıdan hiçbir şey beklenemeyeceğini ileri sürüyordu. Babaları bu yorumları yüksek sesle okumasa bile kızlar kendileri okuyabilirdi; bunlara maruz kalmak da 19. yüzyılda bile yaşama sevincini söndürüp çalışmalarını derinden etkilemiştir kuşkusuz. Karşı çıkılması, aşılması gereken o sav –bunu yapamazsın, şuna kabiliyetin yok iddiası– her zaman vardı. Bu mikrobun bir romancıya artık pek tesiri yoktur herhalde zira birçok değerli kadın romancı geldi geçti. Ama ressamların içini hâlâ cız ettiriyor olmalı; müzisyenler içinse bugün bile son derece canlı ve zehirli olduğunu tahmin ediyorum. Kadın besteci bugün, Shakespeare'in çağında kadın oyuncunun durduğu yerde. Nick Greene, diye düşündüm, Shakespeare'in kız kardeşiyle ilgili uydurduğum hikâyeyi hatırlayarak, oyunculuk yapan bir kadını dans eden bir köpeğe benzettiğini söylemişti. Johnson aynı sözü iki yüz yıl sonra kadınların vaaz vermesiyle ilgili söylemişti. Burada da, dedim, müzikle ilgili bir kitap açarak, bu kutlu 1928 yılında beste yapmaya çalışan kadınlarla ilgili tam olarak aynı kelimelerin sarf edildiğini görüyoruz. "Matmazel Germaine Tailleferre'le ilgili olarak yalnızca Dr. Johnson'ın kadın vaizle ilgili vecizesini müziğe uyarlayarak tekrar edebiliriz. 'Beyefendi, bir kadının beste yapması bir köpeğin iki ayağı üstünde yürümesine benziyor. İyi yapamıyor ama yapabilmesi bile insanı şaşırtıyor.'"[1] Tarih nasıl da hiç şaşmadan tekerrür ediyor.

Böylece, dedim neticede, Mr Oscar Browning'in hayatını kapatıp geri kalanları da bir kenara iterek, kadının 19. yüzyılda bile sanatçı olmaya teşvik edilmediği gayet aşikâr. Aksine hiçe sayılmış, hakarete uğramış, azarlanmış ve tembihlere maruz kalmış. Kâh karşı çıkma kâh aksini kanıtlama gerekliliği zihnini yorup yaşama sevincini tüketmiş olmalı. İşte bu noktada yine, kadının hareketlerine derinden tesir eden o son derece ilginç ve ne olduğu belirsiz eril kompleksle karşılaşıyoruz, *kadının* değersiz olmasından ziyade *erkeğin* üstün olmasına dair o köklü arzuyla; nereye baksanız bu arzu yüzünden erkeğin sanatın önünde bir engel olmakla kalmayıp siyasetin de yoluna barikatlar ördüğünü görüyorsunuz, hem de kadının girişimlerinin erkek için neredeyse hiç risk teşkil etmemesine, ricacının son derece mütevazı ve özverili olmasına rağmen. Siyasete bunca tutkuyla bağlı olan Lady Bessborough'un[2] bile müthiş bir tevazuyla boynunu eğip

1. Cecil Gray, *A Survey of Contemporary Music* (Çağdaş Müzik Üzerine Bir Araştırma), s. 246.
2. Bessborough Kontesi Henrietta Ponsonby'nin (1761-1821), siyasetçi Granville Leveson-Gower'la uzun bir evlilik dışı ilişkisi olmuştur. (Ç.N.)

Lady Granville Leveson-Gower'a şunları yazmak zorunda kaldığını hatırladım: "... Siyasete tutku duymama, sık sık siyaset konuşmama karşın, kadının gerek bu konuya gerek başka ciddi konulara karışmaması gerektiği yorumunuza canıgönülden katılıyorum, kadın en fazla görüşlerini iletebilir (o da sorulursa)." Böylece heyecanını hiçbir engelle karşılaşmadığı o müthiş önemli konuya, Lord Granville'in Avam Kamarası'ndaki ilk konuşmasına yöneltiyor. Bu hakikaten de tuhaf bir hadise, diye düşündüm. Erkeklerin, kadınların özgürleşmesine muhalefeti, özgürleşme sürecinin hikâyesinden daha ilginç belki de. Girton ya da Newnham'daki bir öğrenci vakaları derleyip bir teori üretirse ortaya eğlenceli bir kitap çıkabilir ama ellerine kalın mı kalın eldivenler geçirmesi, kendini korumak için de som altından sopalar edinmesi gerekir.

Ama şimdi kulağa komik geleni, diye düşündüm Lady Bessborough'yu kapatırken, insanlar bir zamanlar çaresizlik içinde ciddiye almak zorundaydı. İnsanın bugün kakara kikiri defterine yapıştırıp yaz geceleri özel dinleyicilere okumak için saklayacağı yorumlar inanın bana bir zamanlar insanları gözyaşlarına boğuyordu. Büyükanneleriniz, büyük büyükanneleriniz arasında iki gözü iki çeşme ağlayanlar vardı. Florence Nightingale acıyla feryat etmişti.[1] Dahası, üniversiteye gelip de kendinize ait oturma odalarınızın –yoksa yatak odasıyla oturma odası bir mi?– keyfini çıkaran sizler için, deha bu tür yorumları görmezden gelmeli, deha hakkında söylenenleri umursamamalı, demesi kolay. Ne yazık ki haklarında söyleneni en çok umursayanlar deha sahibi erkekler ile kadınlardır. Keats'i hatırlayın. Mezar taşına yazdırdığı kelimeleri hatırlayın.[2] Tennyson'ı düşünün, düşünün ki...

1. Bkz. Florence Nightingale, *Cassandra*; R. Strachey, *The Cause* içinde.
2. "Bu mezarda genç bir İngiliz şairin naaşı yatmaktadır, ölüm döşeğinde kalbi düşmanlarının hain güçleriyle burkulmuş haldeyken mezar taşına şu sözlerin kazınmasını istemiştir: Burada adı suya yazılmış kişi yatıyor." (Ç.N.)

ama talihsiz olsa da yadsınamaz gerçeğin, yani sanatçının mizaç itibariyle hakkında ne söylendiğini daima umursadığı gerçeğinin örneklerini çoğaltmama gerek yok. Edebiyat, başkalarının görüşlerini mantığı aşan derecelerde umursayan erkeklerin enkazlarıyla dolu.

Bu hassasiyet de daha büyük bir talihsizlik, diye düşündüm, yaratıcı çalışmaları en çok besleyen ruh halinin ne olduğuna dair ilk soruma dönerek; çünkü sanatçının, özünde kendini ortaya koyduğu eseri kendi içinden tamamlanmış bir bütün olarak çıkarmak gibi olağanüstü bir başarıya imza atabilmesi için ruhunun tutkuyla yanması gerekiyor; Shakespeare'in ruhunun yandığı gibi, diye tahmin yürüttüm, masada açık duran *Antonius ve Kleopatra*'ya bakarak. İçinde hiçbir engel olmamalı, tüketilmemiş hiçbir yabancı madde kalmamalı.

Çünkü Shakespeare'in ruh haline dair hiçbir şey bilmediğimizi söylesek de, bunu söylerken bile Shakespeare'in ruh haline dair bir şey söylüyoruz. Shakespeare'le ilgili –Donne'la, Ben Jonson'la ya da Milton'la kıyaslandığında– bu kadar az şey bilmemizin sebebi belki de kinlerinin, düşmanlıklarının, nefretlerinin bizden gizlenmesi. Bize yazarın varlığını hatırlatan bir "vahiy" önümüzü kesmiyor. Shakespeare'in içinde isyan etme, vaaz verme, haksızlığı ortaya koyma, öç alma, dünyayı yaşadığı bir zorluğa ya da sıkıntıya tanık ettirme arzusu hiç kalmamıştı, hepsi tükenmişti. Dolayısıyla şiiri özgürce, engelle karşılaşmadan dökülüyor içinden. Eserlerini eksiksizce ortaya koyabilmiş biri varsa o da Shakespeare'di. Tutkuyla yanan, hiçbir engel tanımamış bir ruh varsa, diye düşündüm yine kütüphaneye dönerek, Shakespeare'in ruhuydu.

4

16. yüzyılda bir kadını bu ruh halinde bulmak imkânsızdı tabii. İnsanın diz çöküp ellerini kavuşturmuş çocuk figürleriyle dolu Elizabeth dönemi mezar taşlarını, erken ölümleri, karanlık ve basık odalı evleri düşünmesi kadınların o dönemde şiir yazamayacağını fark etmesine yetiyor. Ama insanın görmeyi beklediği şey, belki daha ileri bir tarihte önemli bir hanımefendinin görece özgürlük ve rahatlığından yararlanarak kendi adıyla bir şeyler yayımlaması, bir canavar olarak algılanmayı göze alması. Erkekler elbette züppe değil, diye devam ettim düşünmeye, Miss Rebecca West'in "katıksız feminist"liğinden dikkatle uzak durarak; genelde bir kontesin birkaç dize yazma çabasını sıcak karşılıyorlar. İnsan o dönemde unvanlı bir hanımefendinin adı sanı olmayan bir Miss Austen ya da Miss Brontë'den çok daha fazla teşvik edilmesini bekliyor. Öte yandan aynı hanımefendinin ruhunun korku ile nefret gibi yabancı duygularla dolu olmasını ve bu rahatsızlıkların şiirlerine yansımasını da bekliyor. İşte, örneğin Lady Winchilsea, diye düşündüm şiir kitabını indirerek. 1661'de doğmuş, hem soylu bir ai-

leye doğmuş hem soylu bir aileye gelin gitmiş, hiç çocuğu olmamış, şiir yazmış; kadınların konumuna öfkeyle karşı çıktığını görmek için şiirlerini okumak yeterli:

> Nasıl da düştük! Düştük hatalı kurallar yüzünden,
> Budalayız, tabiat itibariyle değil ama eğitimsizlikten;
> Zihnimizi geliştirmekten mahrum bırakıldık,
> Beklentilere göre tasarlanmış yavan bir kılıfa tıkıldık;
> Aramızdan biri diğerlerinin üstüne çıkarsa da,
> Daha canlı bir hayal gücü veya yoğun bir ihtirasla,
> Karşı güçler yine kudretli bir şekilde ortaya çıkıyor,
> Ve serpilme ümitleri korkulara yenik düşüyor.

Belli ki ruhu hiçbir şekilde "tüm engelleri aşıp tutkuyla yanmamış". Aksine nefret ve sıkıntıyla boğuşuyor. İnsan ırkı onun için ikiye ayrılmış. Erkekler "karşı güçler"; erkeklerden nefret ediliyor ve korkuluyor çünkü onu yapmak istediği şeyden, yani yazmaktan alıkoyma gücüne sahipler.

> Heyhat! Eline kalem almaya cüret eden kadının,
> Böyle küstah bir yaratığın, deniyor,
> Hatasını hiçbir erdem telafi edemiyor.
> Cinsiyetimizi ve yolumuzu şaşırdığımızı söylüyorlar;
> Görgü, moda, dans, giyim, oyunlar,
> Aslında arzuladığımız başarılar olmak zorunda;
> Yazma, okuma, düşünme ya da sorgulama,
> Güzelliğimizi soldurur, zamanımızı öldürür,
> Gençliğimizin fetihlerine sekte vurur,
> Oysa köle ruhlu bir evin sıkıcı idaresini
> En büyük sanatımız ve işlevimiz olarak görüyor kimileri.

Gerçekten de kendini yazmaya teşvik etmek adına yazdıklarının asla yayımlanmayacağını varsayması, kendini şu hüzünlü ezgiyle avutması gerekiyor:

Birkaç dosta ve acılarına söyle şarkını,
Çünkü hiçbir zaman defne koruları olmadı yerin;
Gölgelerin karanlık olsun ve karanlıklarla yetin.

Oysa belli ki ruhunu nefret ve korkudan kurtarabilseydi, kinlenmeseydi, gücenmeseydi içindeki ateş alev alev yanacaktı. Ara sıra kelimelerinden saf şiirsellik akıyor:

Dökmeyecek de solgun ipekler içinde yazıya,
O eşsiz gülü usulca.

Bunlar Mr Murray tarafından hakkıyla övülüyor; Pope'un da şu diğer dizeleri hatırlayıp aşırdığı düşünülüyor:

Şimdi fulyalar hükmediyor güçsüz akla;
Kendimizden geçiyoruz rayihalı acıyla.

Böyle yazabilen bir kadının, ruhu doğayla uyum içinde olan, tefekküre dalmaya yatkın kadının öfkeyle kine itilmesi ne acı. Ama kendini nasıl tutacaktı ki? diye sordum alayları, kahkahaları, dalkavukların yaltaklanmalarını, profesyonel şairlerin şüpheci yaklaşımını hayal ederek. Yazabilmek için kendini kırsaldaki evinin odalarından birine kapatmış olmalı, acı ve kuşkuyla kendi içinde bin bir parçaya ayrılmış olmalı, üstelik düşünceli bir kocaya, kusursuz bir evliliğe rağmen. "Olmalı," diyorum çünkü insan Lady Winchilsea'nin hayatını öğrenmeye kalkıştığında her zamanki gibi hakkında hemen hiçbir şey bilinmediği gerçeğiyle karşılaşıyor. Melankoliden mustarip olduğunu biliyoruz; melankolinin pençesinde şunları hayal ettiğini söylediği için bunu en azından kısmen anlayabiliyoruz:

> Mısralarım yeriliyor, sanatımsa
> Sayılıyor akılsızca bir iş ya da küstahça bir hata.

Bu şekilde sansüre uğrayan sanat, en azından görünürde çayırlarla ve hayal kurmakla ilgili sayıklamalardan oluşan zararsız bir sanattı:

> Elim alışılagelmedik şeylerde gezinmeyi seviyor,
> Bilinen, sıradan yoldan sapıyor,
> Dökmeyecek de solgun ipekler içinde yazıya,
> O eşsiz gülü usulca.

Tabii elinin alıştığı, sevdiği şey buysa sadece kahkahalarla karşılanmayı bekleyebilirdi; gerçekten de Pope ya da Gay'in onu "bir şeyler karalama tutkusuna kapılmış bir mavi çoraplı"[1] olarak tiye aldığı söyleniyor. Ayrıca Gay'i, ona gülerek rencide ettiği düşünülüyor. Gay'in "Trivia"sının onun "tahtırevanda taşınmaya değil de tahtırevanı taşımaya daha uygun olduğunu" gösterdiğini söylemişti. Ama tüm bunlar "asılsız rivayetler" ve, diyor Mr Murry, "hiç ilgi çekici değiller." Ama bu noktada ona katılmıyorum; ben daha da çok asılsız rivayet bilmek isterdim ki çayırlarda gezinip tuhaf şeyler düşünmeyi seven ve "köle ruhlu bir evin sıkıcı idaresi"nden pervasızca, düşüncesizce yakınan bu melankolik hanımefendinin nasıl biri olduğuna dair zihnimde ger-

1. Mavi Çoraplılar Topluluğu, 18. yüzyılda kurulan bir kadın edebiyat topluluğudur. Hem kadın hem erkeklerin katıldığı topluluğun adı genel olarak edebî, entelektüel kadınları betimlemek için kullanılmaya başlamış, bir süre sonra aşağılayıcı bir ifadeye dönüşmüştür. (Ç.N.)

çek ya da kendi uydurduğum bir imge oluşsun. Ama şiiri dağınık bir hal aldı, diyor Mr Murry. Yeteneği yaban otlarının arasında, dikenlere sarılı bir halde gelişti. Ne denli güzel, seçkin bir yetenek olduğunu sergileyemiyordu. Böylece onu rafa geri koyarak diğer büyük hanımefendiye, Lamb'in sevdiği düşese, Lady Winchilsea'nin yaşça büyüğü de olsa çağdaşı sayılan harikulade budalaya, Newcastle'lı Margaret'a döndüm. Birbirlerinden çok farklı da olsalar iki kadının ortak noktaları vardı; ikisi de soyluydu, ikisinin de çocuğu yoktu, ikisi de çok iyi erkeklerle evliydi. İkisi de aynı şiir tutkusuyla yanıp tutuşuyordu; ikisi de aynı sebeplerden çarpıklaşıp biçimsizleşmişti. Düşesi açınca insan aynı öfke patlamalarıyla karşılaşıyor: "Kadınlar yarasa ya da baykuş gibi yaşıyor, hayvan gibi çalışıyor ve solucan gibi ölüyor..." Margaret da bir şair olabilirdi, günümüzde bunca devinim bir tür tekeri döndürürdü. Ama o dönemde vahşi, cömert, eğitilmemiş zekâsını insanların kullanabilmesi için ne zapt edebilir, ne ehlileştirebilir, ne medenileştirebilirdi ki? Zekâsı kafiye ile nesir, şiir ile felsefe selleri halinde karman çorman bir şekilde taşıyor, kimsenin okumadığı *quarto*'lar ve *folio*'larda[1] donakalıyordu. Onun eline bir mikroskop verilmeliydi. Ona yıldızlara bakıp bilimsel olarak mantık yürütmesi öğretilmeliydi. Oysa yalnızlık ve özgürlükle aklı başından gitti. Kimse onu kontrol etmedi. Kimse ona bir şey öğretmedi. Profesörler ona yaltaklık ediyordu. Sarayda onu tiye alıyorlardı. Sir Egerton Brydges kabalığından yakınıyordu – "sarayda yetiştirilmiş soylu bir kadında karşılaşılacak türde" kabalığından. Margaret kendini tek başına Welbeck'e kapattı.

Margaret Cavendish'i düşünmek insanda nasıl da yalnızlık ve isyan hisleri uyandırıyor! Sanki dev bir salatalık, bahçedeki tüm güllerle karanfilleri sarıp boğmuş gibi. "En nitelikli kadınlar zihinleri en mede-

1. *Quarto* sekizer sayfa içeren yaprakların dörde, *folio* dörder sayfa içeren yaprakların ikiye katlanmasıyla hazırlanan kitaplar. (Ç.N.)

ni olanlardır," diye yazan kadının ömrünü zırvalıklar karalayarak harcamış olması; bilinmezliğin ve deliliğin derinliklerine giderek daha çok, dışarı çıktığında faytonu kalabalık tarafından sarılacak denli çok dalarak harcamış olması ne acı. Anlaşılan deli düşes akıllı kızları korkutmakta kullanılan bir öcüye dönüşmüştü. İşte, diye hatırladım düşesin kitabını kaldırıp Dorothy Osborne'un mektuplarını açarken, Dorothy, Temple'a düşesin yeni kitabından bahsediyor. "Zavallı kadının kafası dağınık tabii, yoksa kitap yazmaya, hele de şiir yazmaya kalkışır mı hiç; ben iki hafta uykusuz kalsam gene de o kadar düşmem."

Böylece, aklıselim ve tevazu sahibi hiçbir kadın kitap yazamayacağına göre, mizacı düşesin tam tersi olan hassas ve melankolik Dorothy hiçbir şey yazmadı. Mektuplar sayılmıyordu. Bir kadın hasta babasının başucunda beklerken de mektup yazabilirdi. Şömine başında erkeklerin sohbetini bölmeden yazabilirdi. İşin tuhafı, diye düşündüm Dorothy'nin mektup sayfalarını çevirirken, yalnızlık içinde yaşayan bu eğitimsiz kız cümleleri süslemede, bir sahne kurmada nasıl da becerikliydi. Bir bakın nasıl anlatıyor:

"Akşam yemeğinden sonra oturup Mr B. gelene dek konuşuyoruz, sonra ben gidiyorum. Günün sıcağı kitap okumak ya da çalışmakla geçiyor, saat altı-yedi sularında evin hemen yanındaki çayıra yürüyorum, burada koyun ve inek otlatan birçok genç kız ağaçların gölgelerinde balatlar okuyor; yanlarına gidip sesleriyle güzelliklerini kitaplarda okuduğum eski kadın çobanlarınkiyle kıyaslıyor, arada büyük bir fark buluyorum ama inanın bana bence bunlar da en az onlar kadar masum. Onlarla konuşuyor, yeryüzünde onlardan daha mutlusunun bulunamayacağını görüyorum; tek sorun bunun farkında olmamaları. Genelde sohbetin ortasında biri etrafına bakınıp ineğinin mısır tarlasına girdiğini görüyor, sonra hepsi birden koşturuyor, adeta kanatlanıp uçuyorlar. Ben onlar kadar çevik olmadığımdan geride kalıyorum, sonra hayvanlarını evlerine sürdüklerini görünce benim de dönme vaktimin geldiğini anlıyorum. Akşam yemeğinin ardından bahçeye gidip yanda akan küçük bir nehrin kıyısına oturuyor ve yanımda olmanı diliyorum..."

İnsan içinde bir yazar ruhu olduğuna yemin edebilir. Ama "ben iki hafta uykusuz kalsam gene de o kadar düşmem" – yazıya yatkın bir kadın bile kitap yazmanın kendini rezil etmek, hatta deli yerine koymak anlamına geleceğini düşünüyorsa kadının yazı yazmasına nasıl şiddetle karşı gelindiği tahmin edilebilir. Böylece sıra, diye devam ettim Dorothy Osborne'un mektuplarından oluşan tek ciltlik ince kitabı kaldırırken, Mrs Behn'de.

Mrs Behn'le yolda önemli bir sapağa geliyoruz. *Folio*'larıyla parklara kapanan o büyük, yalnız hanımefendileri, bir okuru ya da eleştirmeni olmadan sadece kendi keyfi için yazan hanımefendileri geride bırakıyoruz. Şehre iniyor, sokaklardaki sıradan insanlarla yan yana yürüyoruz. Mrs Behn orta sınıftan bir kadındı, ayaktakımına has bir şekilde esprili, zinde ve cesurdu; kocasının ölümü ve kendi başına gelen birtakım talihsiz olaylar yüzünden hayatını zekâsını kullanarak idame ettirmek zorunda kalan bir kadındı. Erkeklerle eşit düzeyde çalışması gerekiyordu. Çok çalışarak geçimini sağlayacak kadar kazandı. Bu gerçeğin önemi yazdığı her şeye ağır basıyor, harikulade "Binlerce şehit verdim" ya da "Aşk, olağanüstü bir zaferle kuruldu" dizelerine bile; zira zihnin özgürlüğü bu noktada başlıyor, daha doğrusu zihnin zaman içinde istediğini yazmakta özgür olma olasılığı. Çünkü Aphra Behn bunu başardığına göre kızlar artık ailelerine gidip, Bana harçlık vermenize gerek yok, ben kalemimle para kazanabilirim, diyebilecekti. Elbette bunun yanıtı uzun yıllar boyunca, Evet, Aphra Behn gibi bir hayat sürerek! olacaktı. Ölüm buna yeğdir! Kapılar da suratlarına her zamankinden hızlı çarpılacaktı. Bu son derece ilginç konu, erkeklerin kadınların namusuna biçtiği değer ile bunun kadınların eğitimi üstündeki etkisi bu noktada tartışılmaya değer, Girton ya da Newnham'daki öğrencilerden biri daha derinlemesine incelemek isterse bu konudan ilgi çekici bir kitap da çıkabilir. İskoçya'daki bir bozkırda tatarcıkların ortasında elmaslarla bezeli oturan Lady Dudley de başlık sayfasının görseli olarak kullanılabilir. Lady Dudley geçtiğimiz gün öldüğünde *The Times*, "ince zevklere sahip başarılı bir adam olan Lord Dudley," dedi eşi için, "cömert ve hayırseverdi ama kaprisli bir despottu. Eşinin sürekli, Highlands'in en ücra köşesindeki av kulübesinde bile tuvalet giymesini ister, onu göz alıcı mücevherlerle süslerdi," vesaire, "ona dünyaları verdi – ona hiçbir sorumluluk yüklemedi." Sonra Lord Dudley'ye inme inince eşi ona baktı ve malını mülkünü müthiş bir beceriyle yönetti. Bu kaprisli despotluk da 19. yüzyılda yaşanmıştı.

Ama konumuza geri dönelim. Aphra Behn, yazarak para kazanılabileceğini kanıtladı, belki birtakım beğenilen niteliklerden vazgeçmeyi göze almak gerekiyordu sadece; böylece yazı yazmak bir budalalık ve delilik göstergesi olmanın ötesine geçip pratikte de önem kazandı. İnsanın kocası ölebilirdi, ailevi bir felaket yaşanabilirdi. 18. yüzyıl ilerledikçe yüzlerce kadın harçlığına ek niyetine ya da ailesine destek olmak adına çeviri yapmaya, sayısız kötü roman yazmaya başladı; adlarına artık ders kitaplarında bile rastlanmayan bu romanlar Charing Cross Road'da dört penilik kitap kutularında duruyor. 18. yüzyılın ilerleyen yıllarında kadınların zihinsel alanda yaptığı hummalı çalışma – konuşmalar, toplaşmalar, Shakespeare üzerine yazılan denemeler, klasik çevirileri– somut bir gerçeğe, kadınların yazı yazarak para kazanabileceği gerçeğine dayanıyordu. Para, bedavaya yapılırken boş görünene değer katar. "Bir şeyler karalama tutkusuna kapılmış bir mavi çoraplı" hâlâ tiye alınabilirdi belki ama karaladıkları şeyler sayesinde ceplerine para girdiği de yadsınamazdı. Böylece 18. yüzyılın sonlarına doğru bir değişim yaşandı; tarihi yeniden yazıyor olsaydım bu değişime Haçlı Seferleri'nden de Güller Savaşı'ndan da çok önem atfeder, onlardan daha fazla yer verirdim. Orta sınıf kadını yazmaya başladı.

Gurur ve Önyargı'nın bir önemi varsa, *Middlemarch*'ın, *Villette*'in, *Uğultulu Tepeler*'in bir önemi varsa, o zaman sadece *folio*'ları ve dalkavuklarıyla birlikte sayfiye evine kapanmış yalnız aristokratın değil genel olarak kadınların yazmaya başlaması, bir saatlik bir konuşmada kanıtlayabileceğimden çok daha önemli. Nasıl ki Marlowe olmadan Shakespeare, Chaucer olmadan Marlowe, yabanıl dili ehlileştirip yolları açan o unutulmuş şairler olmadan da Chaucer olamayacaksa, bu kadın öncüler olmadan da Jane Austen, Brontë'ler, George Eliot olamazdı. Zira başyapıtlar tekil, yalnız eserler değildir; uzun yıllara yayılan ortak düşüncenin ürünleridir, bir bütün olarak insan düşüncesinin sonucudur, yani tek bir sesin arkasında çoğunluğun deneyimi yatar. Jane Austen, Fanny Burney'nin mezarına bir çelenk bırakmalıydı; George Eliot, Eliza Carter'ın -Yunanca öğrenebilmek için erkenden kalkmak adına başucuna zil bağlayan gözü pek ihtiyar kadının- güçlü gölgesine şapka çıkarmalıydı. Tüm kadınlar hep birlikte Aphra Behn'in büyük bir skandal sayılsa da aslında gayet uygun bir biçimde Westminster Manastırı'nda bulunan mezarına çiçek yağdırmalı zira onlara kendilerini ifade etme hakkını Behn kazandırdı. Bu akşam sizlere şunu söylediğimde çok sıra dışı bir laf etmiş olmuyorsam bu onun -ne kadar güvenilmez ve aşka düşkün biri olursa olsun onun- sayesindedir: Aklınızı kullanarak yılda beş yüz pound kazanın.

Böylece 19. yüzyılın başına varıyoruz. Bu noktada ilk defa sadece kadınların eserlerine ayrılmış birkaç raf bulabildim. Ama neden, diye sormadan edemedim bakışlarımı bu kitaplarda gezdirirken, birkaç istisna dışında hepsi roman? İlk dürtü şiir yazmaktı. "Şarkının yüce başı"[1] bir kadın şairdi. Fransa'da da İngiltere'de de kadın romancıdan önce kadın şair vardı. Dahası, diye düşündüm, dört meşhur isme bakarken, George Eliot'ın Emily Brontë'yle ortak noktası neydi? Charlotte Brontë, Jane Austen'ı anlamayı hiç başaramamış değil miydi? Konumuzla belki

1. Algernon Charles Swinburne'ün "Ave Atque Vale" (Selam ve Elveda) şiirinden. (Ç.N.)

de ilgili olan, hepsinin çocuksuz olduğu gerçeği dışında bir odada bundan daha alakasız dört karakter toplanamazdı – öyle ki insan onları bir araya getirip aralarında bir sohbet başlatma dürtüsüne kapılıyordu. Yine de tuhaf bir güç, ellerine kalem aldıklarında dördünü de roman yazmaya itmişti. Orta sınıfa doğmakla alakalı bir dürtü müydü bu, diye sordum; bir de Miss Emily Davies'in[1] kısa bir süre sonra çarpıcı bir şekilde ortaya koyacağı gerçekle, 19. yüzyılın başlarında orta sınıf bir ailede herkesin tek bir salonu paylaşmasıyla mı alakalıydı? Bir kadın yazı yazacaksa ortak salonda yazmak zorundaydı. Bu yüzden de Miss Nightingale'in şiddetle yakındığı üzere –"kadınların kendilerine ait sayabilecekleri... bir yarım saatleri bile olmuyor asla"– sürekli bölünüyordu. Böyle bir ortamda şiirle oyundan ziyade düzyazıyla kurmaca yazmak daha kolaydır. Bu türler daha az odaklanma gerektirir. Jane Austen ömrünün sonuna dek bu şekilde yazdı. "Tüm bu eserleri ortaya koyması," diye yazıyor yeğeni anılarında, "çok şaşırtıcı zira çekilebileceği ayrı bir çalışma odası yoktu, çoğunlukla ortak salonda çalışmış, sürekli basit sebeplerden bölünmüş olmalı. Hizmetçilerin, ziyaretçilerin, aile fertleri dışındaki kişilerin yaptığı işi fark etmemesine çok özen gösteriyordu."[2] Jane Austen elyazmalarını saklıyordu ya da üstlerini kurutma kâğıdıyla örtüyordu. Ama tabii 19. yüzyılın başlarında bir kadının edebiyat eğitimi, karakter gözlemleyip duyguları çözümlemeyi öğrenmekten ibaretti. Hassasiyeti yüzyıllar boyunca ortak salonun etkisi altında biçimlenmişti. Sürekli insanların hisleriyle karşı karşıyaydı, eşi dostu sürekli gözünün önündeydi. Orta sınıf kadını yazmaya başladığında bu yüzden doğal olarak romana yöneldi; oysa burada adı geçen dört ünlü kadından ikisinin mizaçları gereği romancı olmadığı aşikâr. Emily Brontë'nin şiirsel oyunlar yazması gerekirdi; George Eliot'ın büyük, taşkın zihni de

1. Emily Davies (1830-1921), Girton College'ın kurucularından. (Ç.N.)
2. *Memoir of Jane Austen* (Jane Austen'ın Anıları), yazan yeğeni, James Edward Austen-Leigh.

yaratıcı dürtülerini tükettikten sonra tarihe ya da biyografiye yönelmeliydi. Lakin romanlar yazdılar; insan bir adım ileri gidip, dedim, raftan *Gurur ve Önyargı*'yı alarak, iyi romanlar yazdıklarını bile söyleyebilir. İnsan böbürlenmeden ya da karşı cinse acı çektirmeden *Gurur ve Önyargı*'nın iyi bir kitap olduğunu söyleyebilir. Her halükârda *Gurur ve Önyargı*'yı yazarken yakalanmaktan utanmazdı insan. Oysa Jane Austen menteşeler gıcırdasın istiyordu ki biri içeri girmeden elyazmasını saklayabilsin. Jane Austen için *Gurur ve Önyargı*'yı yazmak yüz kızartıcı bir durumdu. Acaba, diye düşündüm, Jane Austen elyazmasını ziyaretçilerden saklama ihtiyacı duymasa *Gurur ve Önyargı* daha iyi bir roman mı olurdu? Anlamak için bir-iki sayfa okudum ama yazma koşullarının, eseri herhangi bir şekilde zedelediğine dair en ufak bir ize rastlamadım. Belki de en büyük mucize buydu. Karşımda 1800 civarında nefret etmeden, kin gütmeden, korkmadan, yakınmadan, vaaz vermeden yazan bir kadın vardı. Shakespeare de böyle yazmıştı, diye düşündüm *Antonius ve Kleopatra*'ya bakarak, insanlar Shakespeare ile Jane Austen'ı kıyaslarken ikisinin de zihninin tüm engelleri aştığını kastediyor olabilir; bu yüzden Jane Austen'ı tanımıyoruz, bu yüzden Shakespeare'i tanımıyoruz, bu yüzden Jane Austen yazdığı her kelimeye bizzat nüfuz etmiş durumda, Shakespeare de öyle. Jane Austen'ı zorlayan şartlar varsa bu yaşamak zorunda bırakıldığı hayatın darlığıydı. Bir kadının tek başına gezmesi imkânsızdı. Jane Austen hiç seyahat etmedi, Londra'da bir omnibüsle gezmedi, bir lokantada tek başına bir öğle yemeği yemedi. Ama belki de elinde olmayanı istemek Jane Austen'ın mizacına aykırıydı. Yeteneği ile hayat şartları birbiriyle kusursuz bir uyum içindeydi. Ama aynı şeyi Charlotte Brontë için söyleyebileceğimizden o kadar emin değilim, dedim, *Gurur ve Önyargı*'nın yanına *Jane Eyre*'i açarak.

12. Bölüm'ü açtım, gözüm "Beni isteyen suçlayabilir" ifadesine takıldı. Charlotte Brontë'yi neyle suçluyorlardı? diye düşündüm. Jane Eyre'in, Mrs Fairfax reçel yaparken çatıya çıkıp çayırların üzerinden

ufuktaki manzarayı seyretmesini okudum. Sonra –onu suçlamalarına sebep olan bir şey– bir şey diledi:

...sonra ufku aşacak bir görüş gücüne sahip olabilmeyi diledim; hep duyduğum ama hiç görmediğim hareketli dünyaya, hayat dolu şehirlerle bölgelere erişecek bir görüş gücüne; o anda daha fazla günlük tecrübeye sahip olabilmeyi diledim; kendi türümle daha fazla iletişime girmeyi, burada erişebildiğimden daha çeşitli karakterlerle tanışabilmeyi. Mrs Fairfax'in iyi yönlerine değer veriyordum, Adèle'in iyi yönlerine değer veriyordum ama daha farklı, daha canlı iyilik türlerinin de var olduğuna inanıyordum ve inandıklarımı gözümle görmek istiyordum.

Beni kim suçluyor? Çoğunluk kuşkusuz, tatminsiz olduğum da söylenecektir. Elimde değildi: İçimde hep bir huzursuzluk vardı, bazen acı verecek denli artıyordu...

İnsanlara sükûnetle yetinmeleri gerektiğini söylemek nafiledir; insanın harekete ihtiyacı vardır, hareket bulamazlarsa da iradeleri hareketi yaratır. Milyonlar benimkinden daha durgun kaderlere mahkûmdur, milyonlar ise kendi kaderine karşı sessiz bir başkaldırı içindedir. İnsanların gömdüğü yaşam yumrularında kaç isyan mayalanır kimse bilmez. Kadınların genel olarak çok sakin olması beklenir ama kadınlar da erkeklerle aynı şeyleri hisseder; onların da kardeşleri gibi duyularını çalıştırmaya, çabalarını ortaya koyabilecekleri bir alana ihtiyaçları vardır; fazla katı kısıtlamalar, fazla tekdüze bir durağanlık karşısında onlar da erkekler gibi acı çekerler; daha imtiyazlı olan bu kardeşlerinin onlara sütlaç yapıp çorap örmekle, piyano çalıp çanta işlemekle yetinmeleri gerektiğini söylemesi bağnazlıktır. Cinsiyetleri yüzünden âdetten sayılmayanı yapmak istedikleri, öğrenmek istedikleri için ayıplanmaları, tiye alınmaları düşüncesizliktir.

İşte bu şekilde yalnızken sık sık Grace Poole'un gülüşünü duyuyordum...

Bu ne tuhaf bir geçiş, diye düşündüm. Birdenbire Grace Poole'la karşılaşmak rahatsız edici. Akışı bozuyor. Bu satırları yazan kadının, diye devam ettim kitabı *Gurur ve Önyargı*'nın yanına koyarak, Jane Austen'dan daha büyük bir deha olduğu söylenebilir ama insan aynı satırları tekrar okuyup içlerindeki bu atlamalara, bu öfkeye dikkat edince onun dehasını hiçbir zaman bütünüyle, tamamıyla ifade edemeyeceğini görüyor. Onun kitapları biçimsiz ve çarpık olacak. Sakince yazması gereken yerde hiddetle yazacak. Akıllıca yazması gereken yerde budalaca yazacak. Karakterlerini yazması gereken yerde kendini yazacak. Kendi kaderiyle savaş halinde. Genç yaşta kasılmış ve engellenmiş bir halde ölmekten başka bir çaresi var mıydı?

Charlotte Brontë'nin eline yılda sözgelimi üç yüz pound bile geçse neler olacağını bir anlığına düşünmeden edemiyor insan, oysa budala kadın, romanlarının telifini bin beş yüz pound'a satmıştı; hareketli dünyayla ve hayat dolu şehirlerle, bölgelerle ilgili daha fazla bilgiye, daha fazla hayat tecrübesine, kendi türüyle daha fazla iletişime sahip olsaydı, daha çeşitli karakterlerle tanışsaydı neler olurdu? Charlotte Brontë bu satırlarda sadece bir romancı olarak kendi kusurlarına değil, kendi cinsiyetinin o dönemdeki kusurlarına da parmak basıyor. Tek başına çayırların üzerinden ufuktaki manzarayı seyrederek dehasını harcamak zorunda kalmasaydı; yeni tecrübeler edinebilse, insanlarla iletişim kurabilse, gezebilseydi nasıl gelişeceğini herkesten iyi biliyordu. Ama bu imkânlara sahip değildi, bu imkânlar ona sunulmadı, bizim de *Villette, Emma, Uğultulu Tepeler, Middlemarch* gibi tüm o iyi romanların, ancak saygın bir papazın evinde edinilebilecek kadar hayat tecrübesine sahip kadınlar tarafından yazıldığını kabullenmemiz lazım; üstelik o saygın evin ortak salonunda, *Uğultulu Tepeler*'i ya da *Jane Eyre*'i yazmak için tek seferde birkaç yapraktan fazla kâğıt alamayacak kadar yoksul kadınlar tarafından yazıldılar. Doğru, aralarından biri, George Eliot, büyük sıkıntılardan sonra kaçtı ama sadece St. John Ormanı'ndaki ıssız bir villaya. Burada da dünyanın kınayıcı bakışlarının gölgesine yerleşti. "Bilinmesini isterim ki," diye yazdı, "benden davet istemeyen hiç kimseyi gelip beni görmeye davet etmeyeceğim"; çünkü evli bir adamla günah içinde yaşamıyor muydu, onu görmek bile Mrs Smith'in ya da tesadüfen uğrayan herhangi bir kişinin iffetini zedelemez miydi? İnsanın görgü kuralları gereği "dünya denen şeyden kopmuş" olması gerekiyordu. Aynı dönemde Avrupa'nın öteki ucunda genç bir adam kâh bir Çingene'yle kâh nüfuzlu bir hanımefendiyle alenen yaşıyor, savaşlara katılıyor, insan hayatının tüm çeşitliliğini özgürce ve sansürsüzce deneyimliyordu; bu deneyimler daha sonra yazacağı kitaplara müthiş bir katkı sağlayacaktı. Tolstoy manastırda evli bir kadınla "dünya denen şeyden kopmuş" halde ıssız bir yaşam sürseydi, bu ona ne kadar öğretici bir ahlak dersi verirse versin, diye düşündüm, *Savaş ve Barış*'ı yazması pek mümkün olmazdı.

Ama roman yazımı ve cinsiyetin romancı üstündeki etkisi konusunda biraz daha derine inilebilirdi belki. İnsan gözlerini kapatıp romanı bir bütün olarak düşünürse hayatı ayna gibi yansıtan bir oluşuma benzediğini görür, tabii sayısız basitleştirme ve çarpıtmayla. Her halükârda insanın hayalinde belli bir şekil bırakan bir yapısı vardır, bazen kare olarak inşa edilir, bazen pagoda biçimini alır, bazen kanatları çıkar, bazen kemerlere dönüşür, bazen sıkışıp küçülür, bazen Konstantinopolis'teki Ayasofya gibi bir kubbesi olur. Bu şekil, diye düşündüm, belli ünlü romanları hatırlayarak, ona uygun bir tür duyguyla başlar. Ama o duygu hemen başka duygulara karışır zira "şekil" taşın taşa temasıyla değil, insanın insana temasıyla oluşur. Böylece bir roman içimizde türlü türlü karşıt ve çelişkili duygular uyandırır. Hayat, hayat olmayan bir şeyle çelişir. İşte romanlar hakkında bir anlaşmaya varma güçlüğü, şahsi önyargılarımızın üstümüzdeki müthiş etkisi buradan gelir. Bir yandan, "Sen" -kahraman John- mutlaka yaşamalısın, yoksa çaresizliğe kapılacağım, deriz. Öte yandan, Hayır John, sen ölmelisin çünkü kitabın şekli bunu gerektiriyor, deriz. Hayat, hayat olmayan bir şeyle çelişir. Ama kısmen de hayat olduğundan onu hayat olarak algılarız. James gibilerden hiç hazzetmem, der insan. Ya da, Bu saçmalığın daniskası, ben hayatta böyle bir şey hissedemem. Herhangi ünlü bir romanı düşünürsek yapısının sonsuz karmaşık olduğunu aleni bir şekilde görürüz çünkü roman bu şekilde çeşit çeşit yargıdan, çeşit çeşit duygudan oluşur. İşin şaşırtıcı yanı bu şekilde oluşan bir kitabın bir-iki yıldan uzun süre tutunabilmesi ya da bir İngiliz okur için anlamı neyse Rus okur, Çinli okur için de aynı anlama sahip olabilmesidir. Ama bazen gerçekten de hayret verici bir şekilde tutunuyorlar. Hayatta kalan bu nadir örneklerin (*Savaş ve Barış*'ı düşünüyordum) tutunmasını sağlayan da insanın haysiyet dediği şey; gerçi bu durumda faturalarını ödemek ya da acil bir durumda şerefli bir şekilde davranmakla hiçbir ilgisi yok. İnsanın romancı örneğinde haysiyet derken kastettiği insana karşısındaki şeyin gerçek olduğu inancını verebilmesi. Evet, diye düşünüyor insan, böyle olabileceği hiç aklıma gelmezdi, insanların böyle davrandığını hiç görmedim. Ama beni böyle olduğuna, böyle olabildiğine ikna ettin. İnsan kitap okurken her ifadeyi, her sahneyi ışığa tutar; zira doğa son derece tuhaf bir şekilde içimize bir ışık vermiş gibidir, romancının haysiyetli mi haysiyetsiz mi olduğuna karar vermemizi sağlayan bir ışık. Belki de doğa, en mantıksız ruh halinde aklın duvarlarına görünmez mürekkeple bu büyük sanatçıların teyit ettiği bir önsezi işlemiştir; sadece dehanın ateşine tutulduğunda seçilebilen bir çizim. İnsan onu ateşe tutup canlandığını görünce sevinçle feryat eder: Ama bu hep hissettiğim, hep bildiğim, hep arzuladığım şeydi! Heyecandan içi içine sığmaz, hatta kitabı çok kıymetli bir şeymiş gibi hürmetle kapatır, hayatı boyunca döneceği bir dayanakmış gibi rafa koyar, dedim, *Savaş ve Barış*'ı alıp yerine koyarak. Öte yandan insanın okuyup sınadığı bu zavallı cümleler önce parlak renkler ve göz alıcı hareketlerle insanda hızla heyecan uyandırır ama devamını getirmezse, bir şey gelişmelerini durduruyor gibiyse ya da insanın aklının bir köşesinde yalnızca silik bir karalamayı, bir başka köşesinde ufak bir mürekkep damlasını aydınlatmasına rağmen hiçbir şeyi bütünüyle, tamamıyla ortaya çıkarmazsa insan hayal kırıklığıyla derin derin iç çekip, Başarısız bir eser daha, der, bu roman bir yerde tökezledi.

Tabii romanlar çoğunlukla bir yerde tökezler. Hayal gücü, müthiş baskının altında çöker. Sezgiler karışır; gerçek ile yalanı ayırt edemez, aynı anda bir sürü farklı duyuyu kullanmayı gerektiren o korkunç görevin altından kalkamaz hale gelir. Ama romancının cinsiyetinin tüm bunlar üstündeki etkisi ne, diye merak ettim, *Jane Eyre* ile diğerlerine bakarak. Cinsiyeti kadın romancının haysiyetini, yazarın omurgası saydığım haysiyeti herhangi bir şekilde etkiliyor mu? *Jane Eyre*'den yaptığım alıntılarda öfkenin romancı Charlotte Brontë'nin haysiyetiyle oynadığı aşikârdı. Kendini tamamen vermesi gereken hikâyeyi bir kenara bırakıp şahsi bir meselesine odaklanmıştı. Hakkı olan tecrübeden yoksun bırakıldığını hatırlamıştı – özgürce dünyayı gezmek isterken bir papaz evinde çorap yamayarak durakalmak zorunda bırakıldığını. Hayal gücü, adaletsizliğe karşı hissettikleriyle yolundan sapıyor ve bu sapmayı hissediyoruz. Ama hayal gücünü çekiştirip yolunu şaşırtan öfkeden başka birçok etken vardı. Örneğin cehalet. Rochester'ın portresi karanlıkta çiziliyor. Bu portrede korkunun etkisini hissediyoruz; baskının sonucu olan ekşimeyi de sürekli hissettiğimiz gibi; tutkusunun altında gömülü, için için yanan ıstırabı, bu kitapları ne kadar harikulade olurlarsa olsunlar acıyla kıvrandıran hıncı.

Romanın gerçek hayatla böyle bir yakınlığı olduğuna göre romanın değerleri de kısmen gerçek hayatın değerleridir. Ama kadının değerlerinin çoğunlukla karşı cinsin yarattığı değerlerden farklı olduğu aşikâr, bu doğal olarak böyle. Ne var ki üstün gelen eril değerler. Kabaca söylemek gerekirse futbol ile spor "önemli", moda merakı ile kıyafet satın almak "önemsiz"dir. Bu değerler kaçınılmaz olarak hayattan kurmacaya da aktarılmıştır. Bu önemli bir kitap, diye varsayıyor eleştirmen, çünkü savaşı ele alıyor. Bu önemsiz bir kitap çünkü salondaki kadınların hislerini ele alıyor. Savaş meydanında geçen bir sahne dükkânda geçen bir sahneden çok daha önemli – değer yargılarındaki farklara her yerde, çok daha incelikli şekillerde rastlanır. Bu yüzden yazar kadınsa 19. yüzyılın başındaki bir romanın tüm yapısı yolundan hafifçe saptırılmış, dış bir otoriteye hürmetten kendi berrak görüşünü değiştirmek zorunda kalmış bir zihnin eseri oluyordu. O eski unutulmuş romanlara şöyle bir göz gezdirip kullanılan ses tonuna kulak vermek, yazarın eleştiriyle karşılaştığını anlamaya yetiyor; yazar ya saldırganca bunu anlatıyor ya da uzlaşma yoluyla şunu anlatıyordu. Ya "sadece bir kadın" olduğunu kabul ediyordu ya da bu görüşe isyan ederek "bir erkek kadar iyi olduğunu" vurguluyordu. Eleştiriyi mizacına göre karşılıyordu, ya uysallık ve çekingenlikle ya da öfke ve hışımla. Hangisi olduğu önemli değil; her halükârda meselenin özünden başka bir şey düşünüyordu. Kadının kitabı böylece elimizde kalıyor. Ortasında bir kusur var. Kadınların yazdığı, Londra'daki sahaflarda bir bostandaki delik deşik küçük elmalar misali dağınık duran romanları düşündüm. Onları çürüten ortalarındaki kusurdu. Kadın kendi değerlerini başkalarının görüşlerine hürmetten değiştirmişti.

Ama sağa ya da sola kaymamaları ne denli imkânsızdı kim bilir. O katıksız ataerkil toplumun ortasında, o eleştirilerin karşısında şeylere kendi bildikleri şekilde çekinmeden tutunmak nasıl bir yetenek, nasıl bir haysiyet gerektirmiş olmalı. Bunu bir Jane Austen yapabildi, bir de Emily Brontë. Bu da başarılarından bir başkası, belki de en büyüğü. Onlar kadınların yazdığı gibi yazdılar, erkeklerin yazdığı gibi değil. O dönem roman yazan binlerce kadından sadece bu ikisi içlerindeki o ölümsüz öğretmenin bitmek bilmez nasihatlerini –bunu yaz, şunu düşün– bütünüyle kulak ardı ettiler. O ısrarcı sesi bir tek onlar duymadı, kâh dırdır eden kâh üstünlük taslayan kâh zorbalık yapan kâh müteessir olan kâh şaşıran kâh öfkelenen kâh kol kanat geren, kadınları bir türlü rahat bırakmayan, vazifeşinas bir mürebbiye misali yakalarından düşmeyen, Sir Egerton Brydges gibi daha kibar olmaları için onları sürekli dürten, şiir eleştirisini dahi cinsiyet eleştirisine dönüştüren,[1] herhalde parlak bir ödül kazanabilecek kadar iyi olsunlar diye söz konusu beyefendinin münasip gördüğü sınırlar içinde durmaları için kulaklarını çeken sesi – "... kadın romancılar ancak cinsiyetlerinin sınırlarını cesurca kabul ederek iyi olmayı hedefleyebilirler."[2] Bu, durumu çok güzel özetliyor; size, belki de şaşırtıcı bir şekilde bu cümlenin Ağustos 1828'de değil, Ağustos 1928'de yazıldığını söylediğimde sanırım bana katılacaksınızdır ki şu an bize ne kadar komik gelirse gelsin geniş bir kitlenin düşüncelerini –bu eski kovana tekrar çomak sokmayacağım, sadece karşıma çıkanı değerlendiriyorum– yansıtıyor; bu kitle de sesini yüz yıl önce çok daha canlı, çok daha güçlü bir şekilde duyuruyordu. 1828'de tüm bu horgörüyü, azarlamaları, ödül vaatlerini kulak ardı etmek ancak son derece gözü pek bir genç kadının harcı olabilirdi. Ancak davasında tutkulu bir delifişek kendisine, Ah, edebiyatı da satın alamazlar ya, diyebilirdi. Edebiyat herkese açık. Üniversite görevlisi de olsan beni çimlerden uzaklaştırmana izin vermeyi reddediyorum. Kütüphanelerini istediğin kadar

1. "[Kadının] metafizik bir amacı var; bu da tehlikeli bir takıntı, özellikle de bir kadında zira kadın, erkeğin sağlıklı retorik sevdasını nadiren paylaşıyor. Diğer konularda daha ilkel ve daha materyalist olan cinste böyle bir yoksunluk olması tuhaf." – *New Criterion* (Yeni Ölçüt), Haziran 1928.
2. "Bu gazeteci gibi siz de kadın romancıların ancak cinsiyetlerinin sınırlarını cesurca kabul ederek iyi olmayı hedefleyebileceklerini düşünüyorsanız (Jane Austen bu hareketin ne büyük bir zarafetle yapılabileceğini göstermiştir)..." – *Life and Letters* (Yaşamı ve Mektupları), Ağustos 1928.

kilitle; zihnimin özgürlüğünü ne bir kapı ne bir kilit ne bir sürgüyle kısıtlayabilirsin.

Ama teşvik edilmemek, eleştirilmek kadınların yazılarını nasıl etkilemiş olursa olsun –üstelik bunun çok büyük bir etki yarattığına inanıyorum– bu, düşüncelerini kâğıda dökmeye koyulduklarında karşılarına çıkan (hâlâ 19. yüzyılın başlarında yazan o romancıları düşünüyordum) diğer güçlüğe kıyasla önemsiz sayılırdı – yani bir gelenekten gelmemeleri ya da işlerine yaramayacak kadar yeni ve eksik bir gelenekten gelmeleri. Zira kadınsak geçmişe annelerimiz üzerinden bakarız. Büyük erkek yazarlardan ne kadar keyif alırsak alalım yardım için onlara başvurmak nafiledir. Lamb, Browne, Thackeray, Newman, Sterne, Dickens, De Quincey –kim olursa olsun– bugüne dek tek bir kadına yardımcı olmamıştır, kadın onlardan kaptığı birkaç numarayı kendi kullanımına uyarlamış olsa bile. Bir erkeğin zihninin ağırlığı, hızı ve ilerleyişi kadınınkinden o kadar farklıdır ki kadın ondan başarıyla elle tutulur bir şeyler kapamaz. Taklitçi azimli olamayacak kadar uzaktır. Belki de kadın kalemini kâğıda götürdüğünde kullanabileceği ortak bir cümle olmadığını fark edecekti ilk olarak. Thackeray, Dickens, Balzac gibi tüm büyük romancıların doğal bir üslubu vardı, seri ama dağınık değil, dokunaklı ama narin değil; dile hem kendi renklerini katarak hem de ortak bir ürünü sürdürerek yazıyorlardı. Üslupları yazdıkları dönemin cümlesine dayanıyordu. 19. yüzyılın başına ait cümle belki de şöyleydi: "Eserlerinin ihtişamı onları durmaya değil ilerlemeye teşvik ediyordu. En büyük heyecanı ve tatmini sanatlarını icra ederken, sürekli olarak gerçek ile güzellik yaratırken hissediyorlardı. Başarı gayreti teşvik ediyor, alışkanlık ise başarının yolunu açıyor."[1] Bu bir erkeğin cümlesi; ardında Johnson, Gibbon ve diğerleri görülüyor. Bu bir kadının kullanımına uygun bir cümle değildi. Charlotte

1. William Hazlitt'in *Plain Speaker* (Yalın Konuşmacı) kitabından. (Ç.N.)

Brontë o harikulade düzyazı yeteneğine rağmen elindeki bu kaba saba silahla takılıp düştü. George Eliot akıl almaz zulümler etti onunla. Jane Austen ona bakıp güldü ve kendi kullanımına uygun, gayet doğal, biçimli bir cümle kurup bu cümleden asla şaşmadı. Böylece Charlotte Brontë'nin yazı yeteneğine sahip olmamasına rağmen ondan katbekat çok şey söyleyebildi. Gerçekten de sanatın özünde ifade özgürlüğü, ifade bütünlüğü yattığından bu gelenek yoksunluğunun, bu araç kıtlığı ile yetersizliğinin kadınların yazısında müthiş bir etkisi olmuş olsa gerek. Dahası, bir kitap peşi sıra dizilen cümlelerden değil, bir imge anlamanıza yardımcı olacaksa, kemer ya da kubbe gibi örülen cümlelerden oluşur. Bu şekli de erkekler kendi ihtiyaçlarına, kendi kullanımlarına göre oluşturmuştur. Bir destanın ya da manzum oyunun kadına biçim itibariyle düz bir cümleden daha çok uyduğunu düşünmek için hiçbir sebep yok. Ama kadın, yazar olduğunda tüm eski edebiyat biçimleri çoktan katılaşıp yerleşmişti. Sadece roman yumuşak bir şekilde tutabileceği kadar yeniydi – kadının roman yazmasının sebeplerinden biri de buydu belki. Yine de şimdi bile kim diyebilir ki "roman" (kelimeyi yetersiz bulduğumu belirtmek için tırnak işareti kullanıyorum), kim diyebilir ki tüm biçimlerin en esneği olan bu biçim bile kadının kullanımı için doğru şekle sahip? Kuşkusuz kadın uzuvlarını özgürce kullanabildiği zaman romanı da döverek istediği şekle getireceğini göreceğiz; içindeki şiire de illa vezinli olmayan yeni bir araç bulacak. Zira onun hâlâ mahrum bırakıldığı dışavurum yolu şiir. Sonra bugünlerde bir kadının beş perdeli bir şiirsel tragedyayı nasıl yazacağını düşünmeye başladım. Vezin mi kullanırdı? Nesri tercih etmez miydi?

Ama bunlar geleceğin alacakaranlığında yatan zor sorular. Onları bir kenara bırakmam gerek, en azından beni heyecanlandırıp konumdan uzaklaştırdıkları ve adım atılmamış ormanlarda kaybolmama, muhtemelen vahşi hayvanlara yem olmama yol açacakları için. O kasvetli konuya, kurmacanın geleceğine girmek istemiyorum, eminim siz de istemiyorsunuzdur, o yüzden bu noktada sadece bir an duraksayıp dikkatinizi gelecekte fiziksel şartların kadınlar açısından ne kadar büyük bir rol oynayacağına çekmek istiyorum. Kitabın bir şekilde bedene uyum sağlaması gerekiyor; insan cüretkâr bir yaklaşımla, kadınların kitapları erkeklerinkinden daha kısa, daha yoğun olmalı, bölünmeden istikrarlı bir şekilde uzun saatler çalışmayı gerektirmeyecek bir çerçeveye oturtulmalı, diyebilir. Zira kadın her zaman bölünecektir. Beyni besleyen sinirler görünürde erkekler ile kadınlarda farklı; en iyi şekilde, olabildiğince çok çalışmalarını istiyorsanız kadınlara uygun koşulları -örneğin tahminen yüzlerce yıl önce keşişler tarafından belirlenen bu konferans saatlerinin onlara uyup uymadığını-, hangi aralıklarla çalışıp dinlenmeye ihtiyaç duyduklarını bulmanız, dinlenmeyi ise bir şey yapmamak olarak değil, farklı bir şey yapmak olarak algılamanız gerekiyor; peki ya bu fark ne olmalı? Tüm bunların tartışılıp keşfedilmesi gerekiyor, tüm bunlar kadın ve kurmaca sorusunun bir parçası. Peki ama, diye devam ettim yine kitaplığa yaklaşarak, bir kadının yaptığı ayrıntılı kadın psikolojisi çalışmasını nerede bulabilirim? Futbol oynayamadıkları için kadınların doktorluk yapmasına izin verilmeyecekse...

Neyse ki bu noktada düşüncelerim farklı bir yere kaydı.

5

Lafı dolandıra dolandıra nihayet yaşayan yazarların kitaplarının bulunduğu raflara gelmiştim, hem kadın hem erkek yazarların zira şimdi kadınlar da neredeyse erkekler kadar çok kitap yazıyor. Bu henüz tam doğru olmasa da, erkekler hâlâ daha çok konuşan cinsiyetse de kadınların artık sadece roman yazmadığı kesin. Jane Harrison'ın Yunan arkeolojisi üzerine kitapları var, Vernon Lee'nin estetik üzerine kitapları var, Gertrude Bell'in İran üzerine kitapları var. Bir nesil önce hiçbir kadının elini süremeyeceği çeşit çeşit konu üzerine kitaplar var. Şiirler, oyunlar, eleştiriler var; tarih kitaplarıyla biyografiler var; seyahat kitaplarıyla akademik kitaplar ve araştırma kitapları var; hatta birkaç felsefe kitabıyla bilim ve ekonomi kitapları var. Romanlar hâlâ ağırlıklı olsa da onlar da farklı türde kitaplarla kesişerek değişmiş olabilir. Doğal sadelik, kadının yazısının epik çağı kapanmış olabilir. Okumak ve eleştiri ona daha geniş bir yelpaze sağlamış, daha büyük bir incelik katmış olabilir. Otobiyografi içgüdüsü tükenmiş olabilir. Kadın yazıyı kendini ifade etme yöntemi değil, sanat olarak kullanmaya başlıyor olabilir. İnsan bu yeni romanların arasında bu tür sorulara yanıt bulabilir.

Raftan rasgele bir kitap çektim. Rafın en sonundaydı, yazarı Mary Carmichael'dı, adı *Hayat Macerası* gibi bir şeydi, tam da bu ekim ayında çıkmıştı. Yazarın ilk kitabı sanırım, dedim kendi kendime, ama bunu epey uzun bir dizinin son cildi gibi okumalı; göz attığım diğer tüm o kitapların, Lady Winchilsea'nin şiirlerinin, Aphra Behn'in oyunlarının, dört büyük romancının romanlarının devamı gibi. Zira biz onları ayrı ayrı değerlendirmekte diretsek de kitaplar birbirini izler. Ayrıca onu –bu yabancı kadını– şartlarını incelediğim tüm o diğer kadınların soyundan gelmiş gibi değerlendirmeli, onların özellikleri ile kısıtlamalarından hangilerini miras aldığını görmeliyim. Böylece, romanlar genelde panzehir değil de ağrı kesici olduklarından, insanı dağlayıp canlandırmak yerine içini geçirterek uyuklattığından iç çekerek elime kâğıdı kalemi aldım ve Mary Carmichael'ın ilk romanı *Hayat Macerası*'nı anlamak üzere yerime kuruldum.

Önce sayfayı baştan aşağı gözden geçirdim. Önce cümlelerini anlayacağım, dedim, hafızamı mavi ve kahverengi gözlerle, Chloe ile Roger arasında yaşanma ihtimali bulunan ilişkiyle doldurmadan önce. Buna daha sonra vakit olacak, önce yazarın elinde kalem mi kazma mı bulunduğunu anlamam gerek. Böylece bir-iki cümleyi dilimde çevirdim. Kısa süre içinde bir şeylerin yolunda gitmediği belli oldu. Cümleler birbiri ardına pürüzsüz bir şekilde akmıyordu. Bir şey takılıyor, bir şey yırtılıyordu; orada burada bir kelime gözümün içine ışık tutuyordu. Eski oyunlardaki ifadeyi kullanmak gerekirse Mary Carmichael kendini kendi "elinden bırakıyor"du. Bir türlü yanmayan bir kibriti yakmaya çalışan birine benziyor, diye düşündüm. Ama neden, diye sordum sanki yanımdaymış gibi, Jane Austen'ın cümleleri senin için neden doğru şekle sahip değil? Emma ile Mr Woodhouse öldüğünden hepsinin silinip atılması mı gerekiyor? Böyle olması ne yazık, diye iç çektim. Zira Jane Austen, Mozart'ın besteden besteye geçmesi gibi ezgiden ezgiye geçse bile bu yazıyı okumak sandalla denizde olmaya benziyordu. İnsan bir yukarı fırlıyor bir suya batıyordu. Bu kesintili dil, bu tıknefes dil bir şeyden korktuğu anlamına gelebilir, belki kendisine "duygusal" denmesinden korkuyor, belki de kadınların yazılarının çiçek gibi bulunduğunu hatırlıyor, o yüzden araya bolca diken serpiştiriyor ama kendi gibi mi yoksa başka biri gibi mi davranıyor, bir sahneyi inceleyene kadar anlayamam. Her halükârda insanın enerjisini tüketmiyor, diye düşündüm cümleleri daha dikkatli okuyarak. Ama üst üste çok fazla olgu yığıyor. Bu incelikte bir kitapta bu kadar olgunun yarısını bile kullanamaz. (Kitap *Jane Eyre*'in yarısı kadardı.) Yine de öyle ya da böyle hepimizi –Roger, Chloe, Olivia, Tony ve Mr Bigham'ı– nehirdeki bir kanoya yerleştirmeyi başardı. Bir dakika, dedim sandalyede arkama yaslanarak, ilerlemeden önce her şeyi daha dikkatlice değerlendirmem gerekiyor.

Neredeyse eminim ki, dedim kendi kendime, Mary Carmichael bize bir oyun oynuyor. Eğimli yolda giden bir tren beklendiği üzere aşağı inmek yerine tekrar kıvrılarak tırmanışa geçmiş gibi hissediyorum. Mary bilindik sırayı bozuyor. Önce cümleyi bozdu, şimdi sırayı bozuyor. Pekâlâ, ikisini de yapmaya sonuna kadar hakkı var ama bozmak değil de yaratmak uğruna yaptıysa. Ne uğurda olduğunu ancak bir olay yarattığında anlayacağım. Bunun, dedim, ne tür bir olay olacağını seçmekte sonuna kadar özgür, dilerse teneke kutularla eski tencerelerden oluşsun ama beni bunun bir olay olduğuna inandığına ikna etmeli, bu olayı yarattıktan sonra da onunla yüzleşmeli. Sıçramalı. Sonra, o bir yazar olarak bana karşı görevini yerine getirecekse ben de bir okur olarak ona karşı görevimi yerine getirmeye kararlı bir şekilde sayfayı çevirip okudum... Kusura bakmayın, sözümü birdenbire bölüyorum. Aramızda hiç erkek var mı? Şuradaki kırmızı perdenin ardında Sir Chartres Biron'ın[1] saklanmadığına emin misiniz? Burada hepimizin kadın olduğuna yemin eder misiniz? O zaman size bundan sonra okuduğum kelimeleri söyleyebilirim: "Chloe, Olivia'dan hoşlanıyordu..." Şaşırmayın. Kızarmayın. Kendi topluluğumuzun mahreminde kabul edelim ki böyle şeyler bazen oluyor. Bazen kadınlar kadınlardan hoşlanıyor.

"Chloe, Olivia'dan hoşlanıyordu," diye okudum. Sonra burada ne kadar büyük bir değişimle karşı karşıya olduğumu fark ettim. Chloe belki de edebiyat tarihinde ilk defa Olivia'dan hoşlanıyordu. Kleopatra, Octavia'dan hoşlanmıyordu. Hoşlansaydı *Antonius ve Kleopatra* ne kadar da farklı olurdu! Bu haliyle, diye düşündüm, ne yazık ki düşüncelerimin *Hayat Macerası*'ndan biraz uzaklaşmasına izin vererek, her şey, cüretkârlığımı mazur görürseniz, absürd derecede basite indirgenip geleneksselleştirilmiş. Kleopatra'nın Octavia'ya karşı beslediği tek his kıskançlık. Benden uzun mu? Saçlarını nasıl topluyor? Oyunun belki de daha fazlasına ihtiyacı yoktu. Ama iki kadın arasındaki ilişkinin daha karmaşık olması ne ilginç olurdu. Kadınlar arasındaki tüm bu ilişkiler, diye düşündüm, kurmaca kadınların harikulade galerisini hızlıca tarayarak, fazla basit. Çok fazla şey elenmiş, denenmemiş. Okumalarımda iki kadının arkadaş olarak betimlendiği bir metin hatırlamaya çalıştım. *Diana of the Crossways*'te [Yol Ayrımındaki Diana] bir teşebbüs var. Tabii Racine'in oyunlarında ve Yunan tragedyalarında sırdaşlar. Ara sıra anne kız oluyorlar. Ama neredeyse istisnasız her seferinde erkeklerle ilişkileri üzerinden resmediliyorlar. Jane Austen'ın dönemine kadar kurmacadaki tüm büyük kadınların sadece diğer cins tarafından değil ama sadece diğer cinsle ilişkisi üzerinden görüldüğünü düşünmek tuhaftı. Oysa bir kadının hayatının ne

1. Chartres Biron (1863-1940), avukat, sulh ceza hâkimi. Radclyffe Hall'un *The Well of Loneliness* (Yalnızlık Kuyusu) adlı lezbiyen romanının yasaklanmasına karar vermiştir. (Ç.N.)

kadar ufak bir parçası bu; üstelik bir erkek, gözüne cinsiyetin taktığı siyah ya da pembe gözlüklerle gözlemlediğinde bunu bile ne kadar az anlayabilir. Kurmaca kadının tuhaf doğasının açıklaması buydu belki de; güzelliği ile korkunçluğunun hayret uyandırıcı derecede aşırı olmasının, cennete layık iyilik ile cehenneme layık fesatlık arasında gidip gelmesinin – çünkü bir âşık sevgisinin yükselmesine ya da alçalmasına, başarılı ya da mutsuz olmasına göre bu şekillerde görüyordu onu. Bu 19. yüzyıl romancıları için o kadar geçerli değil tabii. Kadın 19. yüzyılda çeşitleniyor, karmaşıklaşıyor. Gerçekten, belki de erkekler kadınları yazmak istediklerinden, içerdiği şiddet yüzünden kadına yer verilemeyen şiirsel dramı yavaş yavaş bırakıp daha uygun bir kap olarak romanı geliştirmiştir. Buna rağmen bir erkeğin kadınlarla ilgili bilgisinin eksik ve kısıtlı olduğu Proust'un eserlerinde bile son derece aşikâr, tıpkı kadının erkeklerle ilgili bilgisinin eksik olması gibi.

Ayrıca, diye devam ettim yine sayfaya bakarak, kadınların da erkekler gibi, sonu gelmez ev işleri dışında ilgi alanları olduğu da artık aşikâr. "Chloe, Olivia'dan hoşlanıyordu. Birlikte bir laboratuvar paylaşıyorlardı..." Okumaya devam edince bu iki genç kadının karaciğer kesmekle uğraştıklarını gördüm, anladığım kadarıyla ölümcül boyuttaki kansızlığın tedavisiydi bu; oysa aralarından biri evliydi ve –yanılmıyorsam– iki küçük çocuğu vardı. Tabii aslında bunların elenmesi gerekiyordu; kurmaca kadının harikulade portresi işte bu yüzden fazla basit, fazla tekdüze. Bir düşünün, diyelim ki erkekler edebiyatta sadece kadınların âşığı olarak temsil ediliyor, hiçbir zaman başka erkeklerin, askerlerin, düşünürlerin, hayalperestlerin arkadaşı olmuyorlar; o zaman Shakespeare'in oyunlarında onlara ne kadar az rol ayrılabilirdi, edebiyat nasıl zayıf kalırdı! Belki Othello'nun çoğu, Antonius'un da büyük bir bölümü yine elimizde kalırdı ama ne Caesar olurdu ne Brutus ne Hamlet ne Lear ne Jaques – edebiyat müthiş yoksullaşırdı, şimdi kadınların yüzüne kapatılan sayamayacağımız kadar çok kapı yüzünden yoksullaştığı gibi. Kadınlar zorla evlendirilip tek bir odada tutulurken, tek bir göreve mahkûm edilirken oyun yazarı onları bütünlüklü, ilgi çekici, dürüst bir şekilde nasıl anlatacaktı ki? Tek olası tercüman aşktı. Şair tutkulu ya da kindar olmak zorunda bırakılmıştı, tabii "kadınlardan nefret etme" yolunu seçmediyse ki bu çoğunlukla kadınların onu çekici bulmadığı anlamına geliyordu.

Peki, eğer Chloe, Olivia'dan hoşlanıyorsa ve bir laboratuvar paylaşıyorlarsa, ki laboratuvar paylaşmaları daha az kişisel olduğundan dostluklarını daha zengin ve kalıcı hale getirecektir; eğer Mary Carmichael yazmayı biliyorsa, ki üslubu bir şekilde hoşuma gitmeye başlamıştı; eğer kendine ait bir odası varsa, ki bundan henüz emin değilim; eğer kendi adına yılda beş yüz pound geliri varsa, ki bunun deliliyle henüz karşılaşmadık, o zaman gerçekten çok önemli bir şey yaşandığını düşünüyorum.

Zira eğer Chloe, Olivia'dan hoşlanıyorsa ve Mary Carmichael bunu nasıl ifade edeceğini biliyorsa, o zaman henüz kimsenin girmediği o büyük odada bir meşale yakacak. Burası loş ışıklar ve koyu gölgelerle dolu, insanın elindeki mumla sağa sola göz attığı, bastığı yeri göremeden dolaştığı şu yılankavi mağaralar gibi. Böylece kitabı tekrar okumaya başladım; Chloe'nin rafa bir kavanoz koyup eve, çocuklarına dönme vaktinin geldiğini söyleyen Olivia'yı izlemesini okudum. Bu, eşine rastlanmamış bir manzara, diye haykırdım. Merak içinde ben de izledim. Mary Carmichael'ın kadınlar baş başa kaldıklarında, diğer cinsin kaprisli ve renkli ışığı üstlerine vurmadığında oluşan, bir güvenin tavana vuran gölgesi kadar belirsiz ve kayda geçmemiş o el hareketlerini, o söylenmemiş ya da yarım bırakılmış sözleri nasıl yakalayacağını görmek istiyordum. Bunu yapacaksa, dedim okumaya devam ederek, nefesini tutması gerekecek; zira kadınlar niyeti belli olmayan ilgi gösterilerine öyle şüpheyle yaklaşır ki, gizlenmeye ve bastırılmaya öyle korkunç derecede alışıktır ki gözlem amacıyla onlara dönen gözler açılıp kapanıncaya dek kaybolurlar. Bunu yapmanın tek yolu, diye düşündüm, Mary Carmichael'la yanımdaymış gibi konuşarak, başka bir şeyden bahsetmek, bakışlarını camdan dışarıya dikmek, böylece Olivia'nın -milyonlarca yıldır kayanın gölgesinde duran bu organizmanın- üstüne ışık vurduğunu hissettiğinde, önüne tuhaf bir gıda -bilgi, macera, sanat- getirildiğini gördüğünde neler olduğunu kalemle kâğıda dökerek değil, en kısa stenoyla, yarım kelimelerle not etmek. Olivia gıdaya uzanıyor, diye düşündüm bakışlarımı yine sayfadan kaldırarak; başka amaçlar için ileri seviyede gelişmiş kaynaklarını da baştan düzenlemesi gerekiyor ki yeniyi eskinin içinde bütünün müthiş çetrefilli ve girift dengesini bozmadan eritebilsin.

Heyhat, yapmamaya kararlı olduğum şeyi yaptım, farkında olmadan kendi cinsimi övmeye başladım. "İleri seviyede gelişmiş", "müthiş çetrefilli" - bunların övgü ifadeleri olduğu yadsınamaz, insanın kendi cinsini övmesi ise her zaman şüphe uyandırıcı, çoğunlukla da budalacadır; dahası, bu durumda nasıl haklı çıkarılabilir? İnsan haritayı açıp Kolomb Amerika'yı keşfetti ve Kolomb bir kadındı, diyemez ya da eline bir elma alıp Newton yerçekimi yasasını keşfetti ve Newton bir kadındı, diyemez; gökyüzüne bakıp tepemizde uçanlar uçak ve uçağı kadınlar icat etti, diyemez. Duvarda, kadınların tam boyunu ölçmemizi sağlayacak bir işaret yok. Özenle santimetrelere ayrılmış metreler yok ki insan iyi bir annenin niteliklerini, bir kız evladın fedakârlığını, bir kız kardeşin vefasını, bir kâhyanın becerilerini ölçebilsin. Şimdi bile üniversitelerde çok az kadına not verildi; mesleklerin, ordu ile bahriyenin, ticaretin, siyasetin, diplomasinin büyük imtihanlarıyla sınanmadı kadınlar. Bu noktada bile neredeyse sınıflandırılmamış haldeler. Oysa örneğin Sir Hawley Butts'la ilgili bana bir insanın söyleyebileceği her şeyi öğrenmek istesem tek yapmam gereken Burke'ü ya da Debrett'ı açmak; falanca diplomaları aldığı, adına bir salon kurulduğu, bir vârisi olduğu, bir yönetim kurulunda yazmanlık yaptığı, Kanada'da Büyük Britanya'yı temsil ettiği, hünerlerinin kalıcı bir şekilde üstüne kazınmasını sağlayan çeşitli rütbeler ile makamlar, madalyalar ile nişanlar kazandığı hemen karşıma çıkıyor. Sir Hawley Butts'la ilgili bundan daha fazla bilgiye ancak ilahi güç sahiptir.

Bu yüzden kadınlar için "ileri seviyede gelişmiş", "müthiş çetrefilli" dediğimde sözlerimi Whitaker, Debrett ya da üniversite kataloğuyla teyit edemiyorum. Bu çıkmazda ne yapabilirim? Tekrar kitaplığa baktım. Biyografiler vardı: Johnson, Goethe, Carlyle, Sterne, Cowper, Shelley, Voltaire, Browning ve daha nicesi. Sonra tüm o büyük erkekleri düşünmeye başladım; şu ya da bu sebepten karşı cinsin belli bireylerini takdir eden, arayan, onlarla yaşayan, sırdaşlık yapan, sevişen, yazılarında onları anlatan, onlara güvenen, sadece karşı cinse belli bir ihtiyaç ve bağımlılık duyma olarak tanımlanabilecek hareketlerde bulunan büyük erkekleri. Bu ilişkilerin hepsi tamamen platonikti diyemem, Sir William Joynson-Hicks[1] de böyle bir iddiayı muhtemelen inkâr eder. Ama bu dostluklardan şefkat, övgü ve tensel zevk dışında bir şey almadıklarını iddia etmek de bu saygıdeğer adamlara büyük haksızlık olur. Elbette kendi cinslerinin sağlayamadığı bir şey alıyorlardı; bu aldıkları şeyi şairlerin coşkunluğu su götürmez kelimelerine başvurmadan biraz daha açmak gerekirse, sadece karşı cinsin verebileceği ve yaratıcı gücü yenileyen bir tür uyarıcı olarak tanımlamak belki de yanlış sayılmaz. Erkek, salonun ya da çocuk odasının kapısını açıp da, diye düşündüm, kadını çocuklarının yanında, belki kucağında bir nakışla, her halükârda farklı bir hayat biçiminin ve farklı bir hayat düzeninin ortasında bulduğunda belki mahkeme salonu, belki de Avam Kamarası'ndan oluşan kendi dünyası ile bu dünya arasındaki tezat onu ânında canlandırıp

1. William Joynson-Hicks (1865-1932), içişleri bakanlığı yapmış siyasetçi. *The Well of Loneliness* ve *Lady Chatterley'nin Sevgilisi* gibi müstehcen gördüğü eserlerin yasaklanmasını ya da sansürlenmesini savunmuştur. (Ç.N.)

dinçleştirecekti; ardından en basit sohbette bile ortaya çıkacak doğal fikir ayrılıkları içindeki kurumuş fikirleri yeniden yeşillendirecekti; kadının kendisininkinden farklı bir ortamda bir şeyler yarattığını görmek kendi yaratıcı gücünü öyle diriltecekti ki kısır zihni tekrar kurguya başlayacak, kadını ziyaret etmek için şapkasını takarken bulamadığı ifadeyi ya da sahneyi bulacaktı. Her Johnson'ın bir Thrale'i vardır ve ona bu tür sebeplerden sıkı sıkı tutunur, sonra Thrale gidip İtalyan müzik üstadıyla evlenince Johnson öfkeden, tiksintiden delirir, sadece Streatham'daki hoş akşamları özleyeceğinden değil, hayatının ışığı "sönmüş gibi" olacağından.

İnsan kadınların bu ileri seviyede gelişmiş yaratıcı duyusunun gücünü, bu çetrefilliğin doğasını bir Dr. Johnson, Goethe, Carlyle ya da Voltaire olmadan da hissedebilir – tabii bu büyük adamlardan çok daha farklı bir biçimde. İnsan bir odaya girer... ama kadının, odaya girdiğinde yaşananları anlatabilmesi için İngilizcenin olanaklarını sonuna kadar zorlaması, bir dizi gayrimeşru kelime üretmesi gerekir. Odalar o kadar farklı ki; ya durgunlar ya fırtınalılar; ya denize açılıyorlar ya da aksine bir hapishane avlusuna çıkıyorlar; asılı çamaşırlarla dolular; opaller ve ipeklerle dolup taşıyorlar; ya at kılı kadar sert ya da kuş tüyü kadar yumuşaklar – insan herhangi bir sokaktaki herhangi bir odaya girdiği anda bu olağanüstü karmaşık dişil güç suratına çarpıyor. Başka türlüsü mümkün olabilir mi ki? Kadınlar milyonlarca yıldır içeride oturuyor, bunca zamanda yaratıcı güçleri duvarlara bile sindi; harçla tuğlayı öyle bir doldurup taştı ki mecburen kaleme, fırçaya, ticarete, siyasete sıçradı. Ama bu yaratıcı güç, erkeğin yaratıcı gücünden çok farklı. Bu gücün engellenip yitirilmesinin çok yazık olacağını da kabullenmemiz gerekiyor zira yüzyıllar içinde çok sıkı bir disiplinle kazanıldı ve yerine konulabilecek başka hiçbir şey yok. Kadınlar erkekler gibi yazsa, erkekler gibi yaşasa, erkeklere benzese çok yazık olur zira dünyanın genişliğini ve çeşitliliğini düşündüğümüzde iki cinsiyet bile bu kadar noksan kalırken sadece tek bir taneyle nasıl yetinebiliriz? Eğitimin, benzerlikleri değil de farklılıkları ortaya çıkarıp kuvvetlendirmesi gerekmez mi? Çünkü şu halde bile çok fazla benzerliğe sahibiz, bir kâşif gelip başka göklerde başka ağaçların dallarına gizlenmiş başka cinsiyetlerin varlığını haber verse insanlığa müthiş büyük bir hizmette bulunmuş olur; üstüne bir de Profesör X'in "üstünlüğünü" kanıtlamak için bir telaş ölçüm aletlerini çıkarmasını izlemenin müthiş keyfini yaşarız.

Mary Carmichael'ın, diye düşündüm sayfaya biraz uzaktan bakmayı sürdürerek, sadece bir gözlemci olarak görevi zor. Gerçekten de türün daha az ilgi çekici bulduğum dalına kayma dürtüsüne kapılacağından, düşünceli romancı değil de "natüralist romancı" olacağından korkuyorum. Gözlemleyebileceği o kadar çok yeni olgu var ki. Kendini artık üst-orta sınıfın saygın evleriyle sınırlamak zorunda değil. Kibarlık olsun diye ya da tenezzül ederek değil, kardeşlik ruhuyla o küçük ve kokulu odalara, metreslerin, fahişelerin, pug köpekli kadının oturduğu odalara girecek. Erkek yazarın zorla omuzlarına attığı sert, hazır giyim kıyafetleriyle hâlâ orada oturuyor bu kadınlar. Ama Mary Carmichael makasını çıkarıp elbiseleri her oyuğa, her açıya oturacak şekilde kesecek. Zamanı geldiğinde bu kadınları oldukları gibi görmek çok ilginç olacak ama biraz beklememiz gerekiyor çünkü Mary Carmichael hâlâ cinsel barbarlığımızdan kalan "günah"ın karşısında huzursuzlanacak. Ayaklarına hâlâ sınıfın o eski, adi prangaları vurulmuş olacak.

Lakin bugün bile kadınların çoğunluğu ne fahişe ne metres; ne de bir yaz günü akşama kadar pug köpeklerine sarılarak tozlu kadifelere oturuyorlar. Peki o zaman ne yapıyorlar? İşte bu noktada aklıma nehrin güneyinde bir yerlerde kalan o uzun sokaklardan biri geldi, sonsuzluğa uzanan sıra evleri sayısız insanla dolu sokaklardan biri. Hayalimde yaşlı mı yaşlı bir hanımefendinin orta yaşlı bir kadının, belki de kızının kolunda karşıdan karşıya geçtiğini gördüm; ikisi de botları ve kürkleriyle öyle saygın görünüyor ki öğleden sonra giyinip kuşanmaları bir ritüele dönüşmüş olmalı, giysiler de yıllardır yaz aylarında naftalinle dolaplara kaldırılıyor kuşkusuz. Karşıya tam da sokak lambaları yanmaya başlamışken geçiyorlar (zira günün en sevdikleri saati alacakaranlık), kuşkusuz yıllar yılı böyle yapıyorlar. Yaşı daha ileri olan seksenine merdiven dayamış ama insan ona hayatının anlamını sorsa, sokakların Balaklava Savaşı için aydınlatılmasını hatırladığını ya da Hyde Park'ta VII. Edward'ın doğumu için silahların patladığını duyduğunu söyleyecek. Sonra insan tam günü ve mevsimi yakalama arzusuyla ona, Ama 5 Nisan 1868'de ya da 2 Kasım 1875'te ne yapıyordun, diye sorarsa buğulu bir bakışla hiçbir şey hatırlamadığını söyleyecek. Çünkü tüm akşam yemekleri pişirildi, tüm tabaklarla bardaklar yıkandı, tüm çocuklar okula gönderilip dünyaya salındı. Geriye hiçbir şey kalmadı. Her şey yok oldu. Bu konuda tek bir söz söyleyen ne bir biyografi ne bir tarih kitabı var. Romanlar ise istemsizce de olsa nihayetinde hep yalan söyler.

Bu karanlık gölgelerde kalan yaşamlar hâlâ kaydedilmeyi bekliyor, dedim, Mary Carmichael yanımdaymış gibi konuşarak, sonra zihnimde Londra sokaklarında dolaşmayı sürdürdüm; hayal gücümde dilsizliğin baskısını, kaydedilmemiş hayatların birikmesini hissediyordum; belki sokak köşelerinde elleri belinde duran, şişmiş tombul parmakları yüzüklerle bezeli kadınlardan geliyordu bu baskı, elleriyle kollarını Shakespeare'in kelimelerini savurması gibi savurarak konuşan kadınlardan; belki de menekşe satıcılarıyla kibrit satıcılarından ve kapı kirişlerinde yatan yaşlı acuzelerden; serseri kızlardan belki de, yüzleri bir açıp bir kapayan gökyüzü misali erkeklerle kadınların yoldan geçişi ile dükkân vitrinlerindeki ışıkların titreşimini yansıtan kızlardan. Tüm bunları keşfetmen gerekecek, dedim Mary Carmichael'a, meşaleni elinde sıkı sıkı tutarak. Dahası, tüm derinliği ve yüzeyselliğiyle, tüm kibri ve cömertliğiyle kendi ruhunu aydınlatman, güzelliğinin ya da sadeliğinin senin için ne anlama geldiğini açıklaman gerekiyor; yapay mermer zeminli kumaş dükkânlarındaki cam şişelerden gelen hafif kokuların arasında salınan eldivenlerin, ayakkabıların ve eşyaların daima değişen, daima dönen dünyasıyla ilişkini açıklaman gerekiyor. Zira hayalimde şimdi bir dükkâna girmiştim, yerler siyah beyazdı, duvarlarda hayret edilesi güzellikte renkli kurdeleler asılı duruyordu. Mary Carmichael buraya hızlıca bir bakabilir gerçekten, diye düşündüm, zira burası kaleme almaya And Dağları'ndaki herhangi bir karlı tepe ya da kayalıklı geçit kadar uygun bir manzara. Üstelik tezgâhın arkasındaki kız da var – Profesör Z ile benzerleri tarafından şu an yazılan Napoléon'un yüz ellinci yaşam hikâyesini ya da Keats'le Keats'in Milton'vari devrik cümleleri üzerine yetmişinci incelemeyi okuyacağıma o kızın geçmişini öğrenmeyi yeğlerim. Sonra büyük bir ihtiyatla, parmak uçlarımda devam ettim (o denli ödleğim, bir zamanlar neredeyse omuzlarıma inen kırbaçtan o denli korkuyorum) ve mırıldanarak dedim ki, karşı cinsin kibrine –ya da tuhaflık diyelim, bu daha az rencide edici bir ifade– kin gütmeden gülmeyi de öğrenmeli. Çünkü insanın ensesinde kendisinin asla göremeyeceği, bozuk para boyutunda bir nokta var. Cinsiyetin cinsiyete yapabileceği en büyük lütuflardan biri de ensesindeki bu bozuk para boyutundaki noktayı betimlemek. Kadınların Iuvenalis'in yorumlarından, Strindberg'in eleştirilerinden ne kadar yararlandığını bir düşünün. Erkeklerin ilk çağlardan itibaren kadınlara enselerindeki o karanlık noktayı nasıl insancıl ve olağanüstü bir biçimde gösterip durduğunu bir düşünün! Mary de yeterince cesur, yeterince dürüst olsa diğer cinsin arkasına geçip bizlere orada ne bulduğunu anlatırdı. Kadın bozuk para boyutundaki o noktayı betimleyene kadar erkeğin gerçek resmi asla bütünüyle çizilemez. Mr Woodhouse ile Mr Casaubon bu boyda, bu tabiatta noktalardır. Tabii aklı başında kimse Mary'ye özellikle küçümseyici ve alaycı davranmasını salık vermez – edebiyat bu hislerle yazmanın beyhudeliğini gösterir. Dürüst ol, der insan, o zaman ortaya olağanüstü derecede ilginç bir sonuç çıkacaktır. Komedi zenginleşecektir. Yeni gerçekler keşfedilecektir.

Ama bakışlarımı tekrar sayfaya yöneltme vakti gelmiş de geçiyordu. Mary Carmichael'ın ne yazabileceği, ne yazması gerektiği üzerine yorum yapacağıma Mary Carmichael'ın gerçekte ne yazdığını görmek daha iyi olurdu. Böylece tekrar okumaya başladım. Birtakım şikâyetlerim olduğunu hatırladım. Jane Austen'ın cümlesini bölerek rafine zevkimle, müşkülpesent kulağımla övünme fırsatımı elimden almıştı. Çünkü aralarında hiçbir benzerlik olmadığını mecburen kabul ettikten sonra, "Evet, evet, bu çok hoş ama Jane Austen senden çok daha iyi yazmıştı," dememin bir anlamı yoktu. Sonra daha da ileri gidip sırayı, görmeyi beklediğimiz düzeni bozmuştu. Belki de bilinçdışı bir tercihti bu, her şeyi doğal düzenine oturtmuştu sadece, bir kadının kadın gibi yazdığında yapacağı şeyi yapmıştı. Ama sonuç afallatıcıydı, insan dalganın yükselişini göremiyor, bir sonraki köşeden çıkacak krizi kestiremiyordu. Bu yüzden hislerimin derinliğiyle, insan yüreğine dair engin bilgimle de övünemiyordum. Çünkü ne zaman sıradan noktalarda diyelim ki sevgiyle ilgili, ölümle ilgili sıradan hislere kapılacak olsam sinir bozucu mahluk beni oradan uzaklaştırıveriyordu, sanki önemli nokta azıcık daha ilerideymiş gibi. Böylece "temel hisler", "insanlığın ortak noktaları" ve "insan yüreğinin derinlikleri"ne dair tumturaklı ifadelerimi kullanmamı imkânsızlaştırıyordu; yüzeyde ne kadar zeki olursak olalım içten içe çok ciddi, derin ve insancıl olduğumuz inancını destekleyen tüm o diğer ifadeleri de. Ciddi, derin ve insancıl olmak yerine insanın –bu fikir hiç de cazip değildi– sadece aklen tembel ve alelade de olabileceğini hissettiriyordu bana.

Ama okumayı sürdürdüm ve birtakım başka gerçekleri fark ettim.

Mary Carmichael bir "deha" değildi – bu kadarı aşikârdı. Büyük öncülerinin, Lady Winchilsea'nin, Charlotte Brontë'nin, Emily Brontë'nin, Jane Austen'ın, George Eliot'ın doğa sevdasına, yakıcı hayal gücüne, vahşi şairaneliğine, parlak zekâsına, kasvetli bilgeliğine sahip değildi; Dorothy Osborne'un ahengiyle, ağırbaşlılığıyla yazamıyordu; gerçekte kitapları kuşkusuz on yıla yayıncılar tarafından hamura dönüştürülecek akıllı bir kızdan ibaretti. Yine de çok daha yetenekli kadınların daha elli yıl önce bile sahip olmadığı birtakım avantajları vardı. Erkekler onun için artık "karşı güçler" değildi, vaktini onlara karşı çıkmakla harcaması gerekmiyordu; çatıya tırmanıp seyahat, tecrübe, ondan esirgenen dünya ve karakter bilgisine duyduğu özlemle huzurunu kaçırmak zorunda değildi. Korku ve nefret hemen hemen yok olmuştu, izlerine sadece özgürlüğün getirdiği neşenin hafifçe abartılmasında, diğer cinsin romantizmle değil de iğneleme ve hicivle ele alınmasında rastlanıyordu. O zaman Mary Carmichael'ın bir romancı olarak birtakım üst düzey doğal avantajlara sahip olduğu yadsınamazdı. Duyarlılığı daha geniş alanlarda hevesle, özgürce gelişmişti. Neredeyse hissedilmeyecek denli hafif bir dokunuşa bile tepki veriyordu. Karşısına çıkan her görüntü ve ses onu havaya yeni temas etmiş bir bitki gibi besliyordu. Ayrıca ilginç bir incelikle neredeyse bilinmeyen ya da kayda geçmemiş olanın arasında geziniyordu, küçük olanı aydınlatıp belki de o kadar küçük olmadığını gösteriyordu. Gömülü olanı çıkarıyor, insana onun gömülmesine neden ihtiyaç duyulduğunu sorgulatıyordu. Bir Thackeray ya da Lamb'in en basit kalem oynatışının bile kulağa harikulade gelmesini sağlayan, ta eskilere dayanan uzun mirasın bilinçdışı hissiyatına sahip olmadan, hantalca yazsa da ilk büyük dersi kavramıştı –diye düşünmeye başladım–, bir kadın olarak yazıyordu ama kadın olduğunu unutmuş bir kadın olarak; bu sayede sayfalar, ancak cinsiyet kendini unuttuğunda ortaya çıkan o ilginç cinsel nitelikle doluydu.

Bunların hepsi iyiydi. Ama uçucu ve kişisel olanın içinden hâlâ inşa edilmemiş olan kalıcı yapıyı çıkaramazsa duyuların yoğunluğu da gözlemlerin inceliği de bir işe yaramazdı. "Bir olay"la karşı karşıya gelene dek bekleyeceğimi söylemiştim. Bundan kastım bir şeyleri çağırarak, toplayarak, bir araya getirerek sadece yüzeye bakan değil, derinleri de inceleyen biri olduğunu kanıtlamasıydı. Şimdi, diyecekti kendine belli bir anda, şiddetli bir şey yapmadan tüm bunların anlamını gösterebilirim. Sonra başlayacaktı -bu hızlanma nasıl da belirgindir!- çağırmaya ve toplamaya, sonra insanın aklına yolda diğer bölümlerde ortaya saçılmış, yarı unutulan, belki son derece önemsiz şeyler gelecekti. Sonra biri son derece doğal bir şekilde dikiş diker ya da pipo tüttürürken bunların varlığını hatırlatacaktı ve o anlatmayı sürdürürken insan kendini zirveye çıkıp dünyanın ayaklarının altında ihtişamlı bir şekilde uzandığını görmüş gibi hissedecekti.

Her halükârda çaba gösteriyordu. Mary Carmichael sınava doğru uzanırken piskoposlarla dekanların, doktorlarla profesörlerin, patriklerle pedagogların hepsinin tepesinde dikilip bağırarak onu uyardıklarını, ona nasihat verdiklerini gördüm ama onun bunu görmediğini ümit ettim. Bunu yapamazsın, şunu yapmamalısın! Çimlerde sadece araştırmacılarla öğretim üyeleri yürüyebilir! Hanımefendiler tavsiye mektubu olmadan giremez! Zarif kadın romancı adayları bu tarafa! Böylece, yarış pistinde korkuluklara abanmış kalabalık misali ona dadanıp durdular, onun sınavı da engeli sağına soluna bakmadan aşabilmekti. Lanet okumak için durursan kaybedersin, dedim ona, aynı şekilde gülmek için durursan da. Duraksarsan, tökezlersen mahvoldun. Sadece atlayışı düşün, diye yalvardım ona, tüm paramı ona yatırmışım gibi ve kuş misali uçtu engelin üstünden. Ama o engelin ötesinde bir engel daha vardı, onun ötesinde de bir engel daha. Dayanma gücü olduğundan şüpheliydim zira alkışlarla naralar sinirleri yıpratıyordu. Ama elinden geleni yaptı. Mary Carmichael'ın bir deha olmadığı ama hem yatak odası hem salon olan odasında ilk romanını yazan, o gerekli şeylere, zamana, paraya, boş vakte yeterince sahip olmayan, adı sanı duyulmamış bir kız olduğu düşünülürse hiç de fena iş çıkarmamış, diye düşündüm.

Ona bir yüz yıl daha verin, diye sonuca vardım son bölümü okurken –insanların burunlarıyla açık omuzları yıldızlı bir gökyüzüne karşı çıplak duruyordu çünkü birileri salondaki perdeyi açıvermişti–, ona kendine ait bir oda ile yılda beş yüz pound verin, bırakın aklındakini açıkça söyleyip kitaba koyduklarının yarısını çıkarsın, o zaman yakında bir gün daha iyi bir kitap yazacak. Bir şair olacak, dedim, Mary Carmichael'ın yazdığı *Hayat Macerası*'nı rafın sonuna yerleştirirken, bir yüz yıl kadar sonra.

6

Ertesi gün ekim sabahının ışığı tozlu huzmeler halinde çıplak camlardan içeri vuruyor, sokaktan trafik uğultusu yükseliyordu. Demek Londra yine uyanıyordu, fabrika hareketlenmişti, makineler çalışmaya başlıyordu. Tüm bu okumalardan sonra pencereden dışarı bakıp Londra'nın 26 Ekim 1928 sabahı ne yaptığını görmek istiyordu insan. Peki Londra ne yapıyordu? Görünürde kimse *Antonius ve Kleopatra* okumuyordu. Anlaşılan Londra Shakespeare'in oyunlarına bütünüyle kayıtsızdı. Kimsenin zerre umurunda değildi –onları bu yüzden suçlamıyordum da– kurmacanın geleceği, şiirin ölümü ya da ortalama kadının zihninden geçenleri bütünüyle ifade edebileceği bir düzyazı üslubu geliştirmesi. Bu konular hakkındaki fikirler tebeşirle kaldırıma yazılsa kimse durup okumazdı. İlgisiz, telaşlı adımlar onları yarım saatte silerdi. İşte çırak bir çocuk geçiyor, işte bir kadın tasmasıyla köpeğini gezdiriyor. Londra sokaklarının büyüleyici yanı kimsenin birbirine benzememesi, herkes kendi özel hayatıyla meşgul gibi. Sokakta küçük çantalarıyla iş peşindekiler vardı; korkuluklara sopalar sürten avareler vardı; sokakları bir kulüp salonu gibi kullanan, el arabalı adamları çağırıp talep edilmemiş bilgiler veren sıcakkanlı karakterler vardı. Ayrıca cenazeler vardı, kendi bedenlerinin de yitip gideceğini aniden hatırlayan erkekler cenazelere şapka çıkarıyordu. Sonra son derece seçkin bir beyefendi bir kapıdan yavaş yavaş çıktı ve o ya da bu şekilde harikulade bir kürk manto ile bir demet Parma menekşesi edinmiş telaşlı bir hanımefendiyle çarpışmamak için duraksadı. Herkes birbirinden ayrı duruyordu, herkes kendi dünyasına dalmıştı, kendi işine bakıyordu.

Tam bu anda, Londra'da sık sık olduğu üzere, hareketlilik birden tamamen durdu, dondu. Sokağa kimse girmedi, sokaktan kimse geçmedi. Yolun sonundaki çınar ağacından tek bir yaprak kopup o duraksama ve hareketsizlik içinde yere düştü. Nedense bu düşüş bir işaret gibiydi, insanın göz ardı ettiği şeylerin gücüne dikkat çeken bir işaret. Bir nehri gösteriyordu sanki, görünmez bir şekilde akarak köşeyi dönen, sokakta ilerleyen, insanları da içine katıp bir girdapla sürükleyen bir nehri; tıpkı Oxbridge'deki nehrin kayıktaki üniversiteli ile ölü yaprakları sürüklemesi gibi. Şimdi rugan botlu bir kızı sokağın bir tarafından diğerine çaprazlamasına taşıyordu, şimdi de bordo paltolu bir genç adamı; bir de taksi taşıyordu; bu üçünü tam da penceremin altındaki bir noktada birleştirdi, taksi burada durdu, kızla genç adam da durdu, taksiye bindiler, sonra taksi akıntıyla başka bir yere sürükleniyormuşçasına kayıp gitti.

Bu son derece sıradan bir manzaraydı, sıra dışı olan hayal gücümün buna ritmik bir düzen atfetmesiydi; iki insanın taksiye binmesi gibi alelade bir manzaranın görünürde hallerinden memnun oldukları algısını iletebilme gücüne sahip olmasıydı. İki insanın sokakta ilerleyip köşede buluşması insanın zihnini yatıştırıyor sanki, diye düşündüm, taksinin dönüp uzaklaşmasını seyrederken. Belki de son iki gündür yaptığım gibi bir cinsiyeti diğerinden ayrı düşünmek çaba gerektiriyor. Zihnin bütünlüğünü bozuyor. Şimdi iki insanın bir araya gelip bir taksiye bindiğini görmek bu çabayı ortadan kaldırmış, zihne bütünlüğü geri kazandırmıştı. Zihin gerçekten de çok esrarengiz bir organ, diye düşündüm, başımı pencereden içeri çekerken, hakkında hiçbir şey bilmiyoruz, oysa tamamen ona bağlıyız. Neden vücudun aleni sebeplerden incinmesi gibi zihnin de kopuşlar ve aykırılıklar yaşadığını hissediyorum? İnsan "zihnin bütünlüğü" derken ne kastediyor? diye düşündüm; zira zihnin herhangi bir anda herhangi bir noktaya odaklanma becerisi öyle güçlü ki varoluş hali yekpare değilmiş gibi duruyor. Kendini sokaktaki insanlardan ayırabiliyor örneğin, kendini onlardan ayrı düşünebiliyor, yukarıdaki bir pencereden onlara baktığını düşünebiliyor. Ya da aniden başka insanlarla birlikte düşünebiliyor, örneğin bir kalabalığın içinde bir haberin okunmasını beklerken. Babaları ya da anneleri üzerinden geriye dönük düşünebiliyor, daha önce değindiğim, anneleri üzerinden geriye dönük düşünen kadın yazarlar gibi. Yine insan kadınsa bilincinin aniden yarılmasıyla sık sık şaşakalıyor; diyelim ki Whitehall'da yürürken oradaki medeniyetin doğal mirasçısı olmaktan çıkıp tam aksine dışında kalan eleştirel bir yabancıya dönüşüyor. Belli ki zihin odağını sürekli değiştiriyor, dünyayı farklı açılardan inceliyor. Ama zihnin bazı halleri, kendiliğinden benimsenmiş olsa bile diğerlerine kıyasla daha fazla rahatsızlık veriyor. Bu hallerde kalmayı sürdürebilmek için insan bilinçdışında bir şeyleri geride tutuyor, bu baskılama da zaman içinde büyük bir çabaya dönüşüyor. Ama insanın hiçbir şeyi geride tutması gerekmediğinden çaba sarf etmeden sürdürebileceği zihinsel haller de olabilir. Belki bu da, diye düşündüm camdan içeri girerken, onlardan biridir. Çünkü gerçekten de çiftin taksiye bindiğini görünce, zihnim bölündükten sonra doğal bir bağla tekrar birleşmiş gibi hissettim. Bunun en bariz sebebi, cinslerin işbirliği yapmasının doğal olmasıdır. En büyük tatminin, en büyük mutluluğun erkek ile kadın birleşince yaşandığına dair mantıksız da olsa güçlü bir sezgisi vardır insanın. Ama o iki kişinin taksiye bindiğini görmek, bu görüntünün yaşattığı tatmin, fiziksel iki cinsiyetin zihinde de iki cinsiyete tekabül edip etmediğini sorgulamama da neden oldu; öyleyse tamamıyla tatmin olmak, mutlu olmak için onların da mı birleşmesi gerekiyordu? Sonra ruhun acemice bir planını çizmeye başladım; buna göre hepimizin içinde iki güç yatıyor, bir eril bir de dişil; erkeğin beyninde erkek, kadına üstün geliyor; kadının beyninde ise kadın, erkeğe üstün geliyor. En normal, en rahat varoluş biçimi ikisinin birlikte uyum içinde, ruhsal anlamda işbirliği içinde yaşadığı hal. Kişi erkekse, beyninin kadın parçasının, üstünde yine de bir etkisi olmalı; bir kadın da içindeki erkekle etkileşime girmeli. Coleridge büyük bir zihnin erdişi olduğunu söylerken belki de bunu kastediyordu. Zihin ancak bu birleşmeden sonra tamamen tohumlanıp tüm melekelerini kullanabilir. Belki de sadece eril olan bir zihnin de sadece dişil olan bir zihnin de yaratıcı gücü yoktur, diye düşündüm. Ama insanın kadınsı-erkekle ve tam tersi, erkeksi-kadınla ne demek istediğini teyit etmek adına duraksayıp birkaç kitap karıştırması iyi olabilirdi.

Coleridge büyük bir zihnin erdişi olduğunu söylerken zihnin kadınlara imtiyaz tanıdığını, kadınların davasını benimsediğini, kendini bu davayı yorumlamaya adadığını kastetmiyordu katiyen. Belki de erdişi zihin, bu ayrımları yapmaya tek cinsiyetli bir zihin kadar yatkın değildir. Belki de Coleridge, erdişi zihnin yankılı ve geçirgen olduğunu söylemek istiyordu; duyguları herhangi bir engelle karşılaşmadan iletebildiğini; doğası itibariyle yaratıcı, tutkulu ve bölünmemiş olduğunu. İnsanın aklına erdişi, kadınsı-erkek bir zihin olarak Shakespeare'in zihni geliyor, gerçi Shakespeare'in kadınlarla ilgili ne düşündüğünü bilmemiz imkânsız. Üstelik gelişimini tamamlamış zihnin göstergelerinden biri özellikle cinsiyeti düşünmemesi ya da cinsiyeti başka şeylerden ayrı bir şey olarak düşünmemesiyse bu koşulu yerine getirmek bugün eskisine göre daha da zor. Bu noktada yaşayan yazarların kitaplarına gittim, duraksadım ve bunun zihnimi çok uzun zamandır kurcalayan bir konunun kökeni olabileceğini fark ettim. Bugüne dek hiçbir çağda cinsiyet bizimki kadar rahatsız edici derecede ön planda olmamıştır; British Museum'da erkeklerin kadınlar üzerine yazdığı o sayısız kitap da bunun bir kanıtı. Bunun sorumlusu, kadınların oy kullanma hakkı hareketiydi kuşkusuz. Bu, erkeklerin içinde olağanüstü bir kendini ispatlama arzusu uyandırmış olmalı; meydan okunmasa asla düşünme zahmetine girmeyecekleri özellikleriyle kendi cinsiyetlerini vurgulama ihtiyacına kapılmalarına yol açmış olmalı. İnsan kendine meydan okunduğunda, karşısındaki siyah şapkalı birkaç kadın da olsa, bir meydan okumayla ilk defa karşılaşıyorsa epey aşırıya kaçarak misilleme yapabiliyor. Bu kitabın dikkatimi çeken birtakım özelliklerini bu şekilde açıklayabiliriz belki, diye düşündüm, Mr A'nın yazdığı yeni bir romanı indirerek; Mr A hayatının baharında ve görünürde eleştirmenler tarafından çok beğeniliyor. Romanı açtım. Gerçekten de bir erkeğin yazdıklarına dönmek harikuladeydi. Kadınların yazdıklarından sonra insana öyle düz, öyle dolaysız geliyordu ki. Öyle bir zihinsel özgürlüğe, öyle bir kişisel bağımsızlığa, öyle bir kendine güvene işaret ediyordu ki. İnsan bu besili, eğitimli, özgür zihnin, doğduğu andan itibaren hiçbir engel ya da muhalefetle karşılaşmadan serbestçe istediği yöne uzanabilmiş bu zihnin karşısında kendini bedenen iyi hissediyordu. Bunların hepsi takdir edilesiydi. Ama bir-iki bölüm okuduktan sonra sayfaya adeta bir gölge düşüyordu. Koyu renk düz bir çubuktu bu, "I" harfine[1] benzer bir gölgeydi. İnsan gölgenin arkasında kalan manzarayı görebilmek için bir o yana bir bu yana eğiliyordu. Arkada yürüyen gerçekten de bir ağaç mıydı yoksa bir kadın mıydı, emin olamıyordum. Hemen "I" harfine dönüyordu insan. "I"dan sıkılmaya başlıyordu. Bu son derece saygın bir "I" olmadığından değil tabii; dürüsttü, mantıklıydı bu "I"; çetin cevizdi, yüzyıllar boyunca iyi bir eğitim ve iyi bir beslenmeyle

1. İngilizcede "ben" anlamına gelmektedir. (Ç.N.)

parlatılmıştı. Bu "I"ya içtenlikle saygı ve hayranlık besliyorum. Ama – bu noktada bir-iki sayfa çevirip bir şeyler aradım– işin en kötü yanı "I" harfinin gölgesinde geri kalan her şeyin sis kadar biçimsiz bir hal alması. Bu bir ağaç mı? Yok, bir kadın bu. Ama... kadının bedeninde tek bir kemik yok, diye düşündüm, Phoebe'nin –çünkü adı Phoebe'ydi– sahilde yürümesini seyrederek. Sonra Alan ayağa kalktı ve gölgesi Phoebe'yi ânında yok etti. Çünkü Alan'ın görüşleri vardı, Phoebe ise onun görüşlerinin seline kapılmıştı. Sonra Alan'ın, diye düşündüm, tutkuları var; bu noktada sayfaları hızlı hızlı çevirmeye başladım çünkü bir krizin yaklaştığını hissettim, gerçekten de yaklaşıyordu. Sahilde, güneşin altında yaşandı. Son derece aleniydi. Son derece haşindi. Bundan daha edepsizce bir şey olamazdı. Ama... Çok fazla "ama" dedim. İnsan "ama" deyip duramaz. İnsanın cümlesini bir şekilde bitirmesi gerek, diye çıkıştım kendime. "Ama... sıkıldım!" diye mi bitirmeliyim? İyi de neden sıkılmıştım? Kısmen "I" harfi yüzünden, "I" harfi dev bir kayın ağacıymışçasına gölgesinde oluşan kuraklık yüzünden. Orada hiçbir şey yetişemez. Kısmen de başka, daha belirsiz bir sebepten. Mr A'nın zihninde, yaratıcı güç çeşmesini tıkayıp onu dar sınırlara hapseden bir engel, bir tıkanıklık var gibiydi. Oxbridge'deki öğle yemeği partisini düşününce; sigara külünü, Manks kedisini, Tennyson'ı, Christina Rossetti'yi, hepsini bir arada düşününce tıkanıklığın burada olabileceğini düşündüm. Phoebe sahilden gelirken erkek kendi kendine, "Çit kapısındaki çarkıfelekten harikulade bir gözyaşı aktı," diye mırıldanmıyorsa, Phoebe de Alan yaklaşırken artık, "Kalbim şakıyan bir kuş gibi, yuvasını sulaktaki körpe bir dala kurmuş," diye yanıt vermiyorsa Mr A ne yapabilir? Dürüst ve mantıklı biriyse yapabileceği tek şey var. Hakkını vermek gerekir ki bunu da tekrar tekrar (dedim sayfaları çevirirken), tekrar tekrar yapıyor. Bu da, diye ekledim, itirafımın ne denli dehşet verici olduğunun bilinciyle, insana nedense sıkıcı geliyor. Shakespeare'in edepsizliği insanın zihninde binlerce başka şey uyandırıyor, katiyen de sıkıcı değil. Ama Shakespeare bunu keyif için yapıyor, Mr A ise dadıların ifadesiyle mahsus yapıyor. İsyan niyetine yapıyor. Kendi üstünlüğünü vurgulayarak diğer cinsin eşitliğine isyan ediyor. Bu yüzden ona ket vuruluyor, bu yüzden rahat davranamıyor, bu yüzden kendisinin fazla farkında; belki Miss Clough[1] ile Miss Davies'i tanısaydı Shakespeare de ona benzerdi. Kuşkusuz kadın hareketi 19. değil de 16. yüzyılda başlasaydı Elizabeth dönemi edebiyatı çok daha farklı olurdu.

O zaman, zihnin iki yanına dair bu teori doğruysa ortaya çıkan sonuç erkekliğin artık kendisinin farkında olması – yani erkekler artık beyinlerinin sadece erkek tarafıyla yazıyor. Bir kadının bu şekilde yazılanları okuması hata olur zira ister istemez asla bulamayacağı bir şeyin arayışına girer. İnsanın en çok aradığı şey ima gücü, diye düşündüm elime eleştirmen Mr B'yi alıp şiir sanatı üzerine yorumlarını büyük bir itina ve özenle okuyarak. Son derece akıllıca yorumlardı bunlar, keskin ve bilgi dolulardı ama sıkıntı, hislerini artık iletemiyor oluşundaydı, zihni farklı bölmelere ayrılmış gibiydi ve bir bölmeden diğerine tek bir tını bile geçmiyordu. Böylece insan Mr B'nin bir cümlesini ele aldığında ölü halde pat diye yere düşüyordu ama insan Coleridge'in bir cümlesini ele aldığında patlayıp başka bin bir çeşit fikir doğuruyordu; sonsuz yaşamın sırrına erişmiş diyebileceğimiz tek yazı türü de budur.

Ama sebebi ne olursa olsun bu üzücü bir gerçek. Zira o zaman –bu noktada Mr Galsworthy ile Mr Kipling'in kitaplarının bulunduğu sıraya gelmiştim– yaşayan en büyük yazarlarımızın en iyi eserleri boşlukta yankılanıyor demektir. Bir kadın ne yaparsa yapsın bu eserlerde eleştirmenin orada olduğunu söylediği sonsuz yaşam çeşmesini bulamaz. Mevzu sadece eril erdemlerin takdir edilmesi, eril değer yargılarının desteklenmesi, eril dünyaların anlatılması değil; mevzu bu kitaplara nüfuz eden duygunun bir kadın tarafından anlaşılamaması. Geliyor,

1. Anne Clough (1820-1892), Newnham College'ın ilk dekanı. (Ç.N.)

toplanıyor, başımın üstünde patlamak üzere, diyor insan son gelmeden çok önce. Şu resim başına düşünce yaşlı Jolyon şoktan ölecek, yaşlı kâtip ardından iki çift laf edecek, Thames'teki tüm kuğular aynı anda şarkı söylemeye başlayacak. Ama insan bunlar daha olmadan çok önce kaçıp bektaşiüzümü çalılarına saklanacaktır zira bir erkeğe derin, incelikli, sembolik gelen duygu bir kadını hayrete düşürür. Mr Kipling'in arkalarını dönen subaylarında da durum böyledir, Tohumu eken Ekincilerinde de böyledir, Eserleriyle baş başa kalmış Erkeklerinde de böyledir, Bayrağı... Büyük harfle başlayan tüm bu kelimeler karşısında insanın yüzü kızarıyor, sanki tamamen eril bir âleme kulak misafiri olurken basılmış gibi. Gerçek şu ki ne Mr Galsworthy'nin ne de Mr Kipling'in içinde kadından eser var. Bu yüzden genelleme yapmak gerekirse tüm özellikleri bir kadına çiğ ve toy geliyor. İma güçleri yok. Bir kitabın da ima gücü yoksa zihnin yüzeyinde ne kadar büyük bir etki yaparsa yapsın derinliklerine işleyemez.

İnsanın kitapları indirip hiç bakmadan geri koyduğu o huzursuz ruh hali içinde yeni bir çağ tasavvur etmeye başladım; profesörlerin mektuplarının (örneğin Sir Walter Raleigh'nin mektuplarının) haberini verdiği, İtalya'daki yöneticilerin çoktan var ettiği iddialı, saf bir erkeklik çağı. Zira insan Roma'daki katıksız erilliği yadsıyamaz; katıksız erilliğin de devlet için önemi ne olursa olsun şiir sanatı üzerindeki etkisi meçhuldür. Her halükârda, gazetelere bakılırsa İtalya'da kurmacayla ilgili birtakım kaygılar var. Akademisyenler toplanıp "İtalyan romanını geliştirme"yi konuşmuş. Geçen gün "tanınan bir aileden gelen ya da finans ve ticaret alanında, faşist kurumlarda nam salmış erkekler" bir araya gelip konuyu tartışmış, diktatöre de bir telgraf gönderip, "Faşist çağın yakında şanına layık bir şair doğuracağı" ümidini dile getirmiş. Bu iyimser temenniyi hepimiz paylaşabiliriz belki ama şiirin kuvözden çıkma ihtimali biraz şüpheli. Şiirin babasının yanı sıra annesi de olmalı. İnsan faşist şiirin, küçük bir kasabadaki müzede sırça fanuslarda sergilenen korkunç ucubelerden biri olacağından korkuyor. Bu tür canavarların asla uzun yaşamadığı söylenir, insan bu tür olağanüstü bir şeyin tarlada ot biçtiğini hiç görmemiştir. İki kafaya sahip bir vücut uzun ömürlü olamaz.

Ama tüm bunların kabahati, illa birini suçlamak istiyorsak, ne sadece bir cinsiyette ne ötekinde. Kabahat tüm baştan çıkarıcılarda ve yenilikçilerde: Lord Granville'e yalan söyleyen Lady Bessborough'da; Mr Greg'e doğruyu söyleyen Miss Davies'te. Cinsiyeti bilinç seviyesine taşıyan herkes suçlu; duyularımın sınırlarını bir kitapla genişletmek istediğimde beni Miss Davies ile Miss Clough'nun daha doğmadığı, yazarın zihninin iki tarafını eşit kullandığı o mutlu çağda yazılanlara yönelten de onlar. O zaman Shakespeare'e dönmek gerekiyor çünkü Shakespeare erdişiydi; Keats, Sterne, Cowper, Lamb ve Coleridge de öyle. Shelley belki de cinsiyetsizdi. Milton ile Ben Jonson'ın içinde bir tutam fazla erillik vardı. Wordsworth ve Tolstoy'da da öyle. Bizim zamanımızda Proust tamamıyla erdişiydi, belki biraz fazla kadındı. Ama bu öyle nadir rastlanan bir kusur ki insan şikâyet edemiyor zira bu tür karışımlar olmadığında görünürde akıl her şeye baskın geliyor ve zihnin diğer melekeleri katılaşıp kuruyor. Ama bunun belki de geçici bir dönem olduğu düşüncesiyle kendimi avutmaya çalıştım; düşünce silsilemi anlatma sözümü tutarak söylediklerimin çoğu sizlere demode gelecektir; benim gözlerimi ışıldatanlara siz henüz reşit olmamışlar şüpheyle yaklaşacaksınızdır.

Yine de, buraya yazacağım ilk cümle, dedim, yazı masasına gidip "Kadınlar ve Kurmaca" başlıklı sayfayı alarak, yazarın, cinsiyetini düşünmesinin ölümcül olacağıdır. Basit ve katıksız bir şekilde erkek ya da kadın olmak ölümcüldür; insan erkeksi-kadın ya da kadınsı-erkek olmalıdır. Bir kadının en ufak bir şekilde yakınması, haklı da olsa herhangi bir davayı savunması, herhangi bir şekilde kadın olduğunun bilinciyle konuşması ölümcüldür. Ölümcül kelimesini lafın gelişi kullanmıyorum; bu bilinçli önyargıyla yazılan her şey ölüme mahkûmdur. Beslenmez hale gelir. Bir-iki gün harikulade ve etkileyici, güçlü ve usta işi gözükse de alacakaranlıkta solacaktır; başkalarının zihinlerinde büyüyemez. Yaratma sanatının icra edilebilmesi için önce zihinde kadın ile erkek arasında işbirliği yapılması gerekir. Zıtların evliliğinin gerçekleşmesi gerekir. Yazarın tecrübesini kusursuz bir bütünlükle ilettiğini hissedebilmemiz için zihnin tamamının ardına kadar açık olması gerekir. Özgürlük olması gerekir, huzur olması gerekir. Hiçbir çark gıcırdamamalı, hiçbir ışık göz kamaştırmamalıdır. Perdelerin sımsıkı kapalı olması gerekir. Yazar, diye düşündüm, tecrübesi sona erdiğinde arkasına yaslanıp zihninin nikâhını karanlıkta kutlamalıdır. Neler olduğunu izlememeli, sorgulamamalıdır. Onun yerine bir gülün taçyapraklarını koparmalı ya da ırmakta usul usul salınan kuğulara bakmalıdır. Sonra tekrar kayığı, üniversiteliyi ve ölü yaprakları sürükleyen akıntıyı hatırladım; taksi de erkek ile kadını aldı, diye düşündüm, onların sokakta ilerleyişini zihnimde canlandırarak, akıntı onları sürükledi, diye düşündüm, uzaktan Londra trafiğinin kükreyişini duyarak, o heybetli dereye sürükledi.

Bu noktada Mary Beton konuşmayı bırakıyor. Sizlere kurmaca ya da şiir yazabilmek için yılda beş yüz pound'luk bir gelir ile kapısında kilit olan bir odaya ihtiyaç duyulduğu sonucuna –bu yavan sonuca– nasıl vardığını anlattı. Bu sonuca yol açan fikirlerle izlenimlerini aktarmaya çalıştı. Bir üniversite görevlisinin kollarına uçarken, orada öğle yemeği yerken, şurada akşam yemeği yerken, British Museum'da resimler karalarken, raftan kitaplar indirirken, pencereden dışarı bakarken onu takip etmenizi istedi sizden. O tüm bunları yaparken siz kuşkusuz yetersizlikleriyle kusurlarını gözlemlediniz ve bunların fikirleri üzerindeki etkilerinin ne olduğunu değerlendirdiniz. Ona karşı çıktınız ve size uygun gelen eklemelerle çıkarmaları yaptınız. Tüm bunlar olması gerektiği gibi zira bunun gibi bir soruda gerçek ancak çeşit çeşit yanlışı üst üste dizerek elde edilebilir. Şimdi konuyu kendi adımla, karşılaştığımı tahmin ettiğim iki eleştiriye değinerek kapatacağım; bunlar öyle bariz noktalar ki sizin de dikkatinizi çekmiş olmalı.

İki cinsiyetin yazarlıktaki becerilerine dair bile hiçbir kıyaslama yapılmadığını söyleyebilirsiniz. Bu bilinçli bir karardı çünkü böyle bir değerlendirmenin vakti gelmiş olsa bile –ki kadınların eskiden ne kadar parası olduğunu, kaç tane odası olduğunu bilmek kifayetlerine dair teoriler üretmekten çok daha önemli şu an– bunun vakti gelmiş olsa bile ben akla, mizaca dair yetilerin şeker ya da tereyağı misali ölçülebileceğine inanmıyorum; insanları ayrı sınıflara koymaya, başlarına kepler geçirip adlarının sonuna lisans durumlarını belirten harfler sıralamaya son derece alışık olan Cambridge'te bile. Whitaker'ın *Almanack*'ındaki Öncelik Tablosu'nun bile nihai bir değer sıralaması temsil ettiğine inanmıyorum; Banyo Nişanı sahibi birinin akşam yemeğine nihayetinde Akıl Hastaneleri Uzmanı'nın arkasından gireceğini varsaymak için herhangi makul bir gerekçe olduğuna da. Bu şekilde cinsiyeti cinsiyete, niteliği niteliğe düşürmek, bu şekilde üstünlük taslamak ve başkasına yetersizlik atfetmek insanın varoluşunun özel okul evresine ait; "taraflar"ın olduğu, bir tarafı ötekiyle yarıştırmanın gerekli olduğu, bir sahneye çıkıp bizzat müdür tarafından süslü püslü bir kupa almanın her şeyden önemli olduğu bir evreye. İnsanlar olgunlaştıkça taraflara, müdürlere, süslü püslü kupalara inanmayı bırakıyorlar. Her halükârda söz konusu kitaplar olduğunda, meziyet etiketlerini asla düşmeyecekleri şekilde yapıştırmanın zorluğunu herkes bilir. Çağdaş edebiyat eleştirileri yargı dağıtmanın ne kadar güç olduğunun daimi bir örneği gibi değil midir? "Bu etkileyici kitap", "bu değersiz kitap", aynı kitaba ikisi de deniyor. Ne övgünün ne yerginin anlamı var. Hayır, ölçme uğraşı insana ne kadar eğlenceli gelirse gelsin en nafile meşgaledir; ölçenlerin hükümlerini kabullenmek ise en boyun eğici tavır. Siz istediğinizi yazdığınız sürece başka hiçbir şeyin önemi yoktur; yazdığınız şeyin önemini yıllar yılı mı yoksa sadece birkaç saatliğine mi koruyacağını ise kimse bilemez. Ama tasarınızın saçının tek bir telini, renginin tek bir tonunu bile feda etmek, üstelik elinde gümüş bir kupa tutan müdür ya da yeninde cetvel taşıyan bir profesör uğruna feda etmek yapılabilecek en korkunç ihanettir; insanın zenginliğini ve namusunu feda etmesi, ki bunun en büyük felaket olduğu söylenir, bunun yanında devede kulak kalır.

Ardından bu konuda maddiyata fazla önem atfetmeme karşı gelebilirsiniz. Son derece sembolik bir yaklaşımla yıllık beş yüz pound'un tefekkür gücünü, kapıdaki kilidin de kendi adına düşünme gücünü temsil ettiğini kabullensek bile yine de zihnin bunlara takılmaması gerektiğini, büyük şairlerin çoğunun yoksul erkekler olduğunu söyleyebilirsiniz. O zaman müsaadenizle size kendi edebiyat profesörünüzün kelimelerini alıntılayacağım, kendisi bir şair nasıl olunur, benden iyi biliyor. Sir Arthur Quiller-Couch diyor ki:[1]

Son yüzyılın büyük şairleri kimler? Coleridge, Wordsworth, Byron, Shelley, Landor, Keats, Tennyson, Browning, Arnold, Morris, Rossetti, Swinburne – bu kadarı kâfi. Bu isimler arasında Keats, Browning ve Rossetti hariç hepsi üniversite okumuştur; bu üçü arasında genç yaşta, hayatının baharında ölen Keats ise görece varlıklı olmayan tek kişiydi. Bu söyleyeceğim kulağa acımasızca gelebilir, üzücü olduğu da kesin ama şiirsel dehanın, bulunduğu her yerde, yoksulda da zenginde de eşit derecede gelişebildiği teorisinin elle tutulur bir yanı olmadığı aşikârdır. Bu on iki kişiden dokuzunun üniversite okuduğu aşikârdır; bu da öyle ya da böyle, İngiltere'de alabilecekleri en iyi eğitime ulaş-

1. *The Art of Writing* (Yazma Sanatı), Sir Arthur Quiller-Couch.

manın yolunu buldukları anlamına gelir. Geri kalan üçünden Browning'in varlıklı olduğu aşikârdır; iddia ediyorum ki varlıklı olmasaydı Saul'*u ya da* The Ring and the Book'*u*[1] *yazmaya kalkışma ihtimali, Ruskin'in babası başarılı bir işadamı olmasaydı* Modern Painters'*ı*[2] *yazma ihtimaliyle aynıdır. Rossetti'nin az bir meblağ da olsa özel geliri vardı, dahası resim yapıyordu. Geriye bir tek Keats kalıyor; Atropos*[3] *onu genç yaşta aldı, tıpkı John Clare'i bir deliler evinde, James Thomson'ı da hayal kırıklığını uyuşturmak için kullandığı afyon ruhuyla aldığı gibi. Bunlar korkunç gerçekler ama onlarla yüzleşmemiz gerekiyor. Bir ulus olarak bizim için ne kadar onur kırıcı olursa olsun milletler topluluğumuzdaki bir kusur yüzünden yoksul bir şairin bugünlerde hiçbir şansının olmadığı, hatta iki yüz yıldır hiçbir şansının olmadığı su götürmez. İnanın bana –son on yılın büyük bir bölümünü üç yüz yirmi ilkokulu gözlemleyerek geçirdim– demokrasi lafını ağzımızdan düşürmesek de İngiltere'deki yoksul bir çocuğun büyük yazıları mümkün kılan o entelektüel özgürlüğe kavuşma ihtimali Atinalı bir kölenin oğlununki kadardır.*

Bu daha açık bir şekilde ifade edilemezdi. "Yoksul bir şairin bugünlerde hiçbir şansının olmadığı, hatta iki yüz yıldır hiçbir şansının olmadığı su götürmez... İngiltere'deki yoksul bir çocuğun büyük yazıları mümkün kılan o entelektüel özgürlüğe kavuşma ihtimali Atinalı bir kölenin oğlununki kadardır." İşte bu. Entelektüel özgürlük maddiyata bağlı. Şiir entelektüel özgürlüğe bağlı. Kadınlar ise her zaman yoksul oldular, sadece iki yüz yıldır değil, dünyanın başlangıcından beri. Kadınlar o Atinalı kölelerin oğullarından daha az entelektüel öz-

1. Yüzük ve Kitap. (Ç.N.)
2. Çağdaş Ressamlar. (Ç.N.)
3. Kader tanrıçaları olan üç moira'dan eceli ve ölümü simgeleyeni. (Ç.N.)

gürlüğe sahip oldu. O zaman demek ki kadınların şiir yazma şansı asla olmadı. Paraya ve kendine ait bir odaya bu denli önem vermemin sebebi bu. Ama geçmişteki o bilinmez kadınlar, keşke kim olduklarını bilseydik dediğim kadınlar sayesinde; tuhaf bir şekilde iki savaş, Florence Nightingale'i salonundan çıkaran Kırım Savaşı ve altmış yıl sonra ortalama kadının kapılarını açan I. Dünya Savaşı sayesinde bu yanlışlar düzelme yolunda. Yoksa sizler bu akşam burada olamazdınız ve korkarım ki hâlâ muallakta olan yılda beş yüz pound kazanma şansınız neredeyse tamamen ihtimal dışı olurdu.

Yine de bana karşı çıkabilir, sana göre kadınların kitap yazması bu kadar çok çaba gerektiriyorken, insanı belki de teyzesini öldürmeye itiyorken, öğle yemeğine kesinlikle gecikmesine yol açıyorken, birtakım son derece iyi araştırmacılarla ağır tartışmalara yol açıyorken kadınların kitap yazmasına neden bu kadar önem veriyorsun? diye sorabilirsiniz. Kabul etmem gerekir ki gerekçelerim kısmen bencilce. Çoğu eğitimsiz İngiliz kadını gibi ben de okumayı seviyorum – ardı ardına kitap okumayı seviyorum. Son günlerde diyetim azıcık tekdüzeleşti; tarih kitapları hep savaşlar hakkında, biyografiler hep önemli adamlar hakkında, şiir bence kısırlaşmaya başladı, kurmacaya gelince... ama çağdaş kurmaca eleştirisindeki yetersizliğimi yeterince ortaya serdiğimi düşünüyorum, bu konuda daha fazla laf etmeyeceğim. Bu yüzden sizden türlü türlü kitaplar yazmanızı istiyorum, ne kadar önemsiz ya da ne kadar geniş olursa olsun hiçbir konudan çekinmeyin. Umarım öyle ya da böyle seyahat etmenizi, aylaklık etmenizi sağlayacak kadar paraya sahip olmayı başarırsınız; dünyanın geleceğini ya da geçmişini değerlendirmenizi, kitaplarla hayal kurmanızı, sokaklarda avare avare dolaşmanızı ve düşünce oltanızın akıntının derinliklerine batmasına izin vermenizi sağlayacak paraya. Zira sizleri hiçbir şekilde kurmacayla sınırlamıyorum. Rica ediyorum –ve benim gibi binlerce kişi var– seyahat kitapları da yazın macera kitapları da, araştırma da inceleme de, tarih de biyografi de, eleştiri de felsefe de bilim de. Böylece kurmaca sanatını zenginleştireceğiniz şüphe götürmez. Çünkü kitaplar bir şekilde birbirini etkiler. Kurmaca, şiir ve felsefeyle dip dibe durarak yükselecektir. Dahası, geçmişteki büyük kişilikleri düşünürseniz, Sappho gibi, Lady Murasaki gibi, Emily Brontë gibi, sadece bir yaratıcı değil aynı zamanda bir mirasçı da olduklarını göreceksiniz, varoluşlarını kadınların doğal olarak yazma alışkanlığını kazanmasına borçlular; bu yüzden bu tür bir faaliyete girişmeniz şiire bir girizgâh olarak bile çok değerli.

Ama notlarımın üstünden geçip onları yazarkenki düşüncelerimi eleştirirken gerekçelerimin tamamen bencilce olmadığını görüyorum. Bu yorumların, dalıp gitmelerin arasında iyi kitapların arzulanır şeyler olduğu, iyi yazarların da insanlığın her türlü ahlaksızlığını gözler önüne serseler de nihayetinde iyi insanlar olduğu inancı –yoksa güdüsü mü?– yatıyor. Yani sizden daha fazla kitap yazmanızı istediğimde sizden kendi iyiliğiniz ve genel olarak dünyanın iyiliği için bir şey yapmanızı istiyorum. Bu güdüyü ya da inancı hangi temele dayandıracağımı bilemiyorum zira insan üniversite eğitimi görmediyse felsefi kelimeler onu yanıltabilir. "Gerçeklik" ne demek? Son derece değişken, son derece güvenilmez bir şeye benziyor – bir bakmışsınız tozlu bir yolun kenarında, bir bakmışsınız sokaktaki bir gazete kâğıdı parçasında, bir bakmışsınız güneşteki fulyada. Odada bir grubu aydınlatıp öylesine edilmiş bir lafa damga basıyor. Yıldızların altında eve yürürken insanı duygulara boğuyor ve sessiz dünyayı kelimelerin dünyasından daha gerçekçi kılıyor – sonra işte yine Piccadilly'nin curcunasında bir omnibüsün içinde karşımıza çıkıyor. Bazen de tabiatını anlayamayacağımız kadar uzağımızda kalan biçimlerde dolaşıyor. Ama neye dokunursa dokunsun onu sabitleyip kalıcılaştırıyor. Günün derisi soyulup çalıya atıldığında geriye o kalıyor; geçmiş zamanlardan, sevdalarımızdan, nefretlerimizden geriye o kalıyor. Bence yazarın bu gerçekliğin huzurunda yaşama ihtimali başkalarına göre daha yüksek. Onu bulup toplamak, onu geri kalanlarımıza iletmek yazarın görevi. En azından *Lear*'ı, *Emma*'yı ya da *Kayıp Zamanın İzinde*'yi okuyunca bu sonucu çıkardım. Çünkü bu kitapları okumak duyuların üstünde bir nevi katarakt ameliyatı yapıyor, insan sonrasında çok daha keskin bakışlara sahip oluyor, dünyanın örtüsü kaldırılıyor da hayat yoğunlaşıyor sanki. Şunlar gerçekdışılığa karşı çıkarak yaşayan imrenilesi insanlar; şunlar da fark etmeden ya da umursamadan yaptıkları şey yüzünden boynu bükülen acınılası insanlar. Yani sizden para kazanmanızı, kendinize ait bir odanızın olmasını istediğimde görünen o ki gerçekliğin huzurunda, canlandırıcı bir hayat sürmenizi istiyorum; insan bunu başkasına aktarabilse de aktaramasa da.

Aslında bu noktada dururdum ama her konuşmayı bir söylevle bitirmek âdettendir. Kadınlara yönelik bir söylevin ise özellikle methedici ve yüceltici olması gerektiğine katılacaksınızdır. Sizlerden sorumluluklarınızı hatırlamanızı rica etmem gerekir, daha iyi olmanızı, daha ruhsal olmanızı; ne kadar çok şeyin size bağlı olduğunu, geleceğin nasıl da sizlere bağlı olduğunu hatırlatmam gerekir sizlere. Ama bence bu tür nasihatleri karşı cinse bırakabiliriz, onlar bunları benden çok daha etkili bir şekilde ifade edecektir, gerçekten etmiştir de. Ben kendi zihnime döndüğümde yoldaş olmak, eşit olmak, dünyayı daha iyiye götürmek üzerine asil düşüncelere rastlayamıyorum. Kısaca ve basitçe, her şeyden önemlisi insanın kendi olması, derken buluyorum kendimi sadece. Başkalarını etkilemeyi düşünmeyin, derdim, bunu daha asil bir şekilde nasıl ifade edebileceğimi bilseydim. Şeyleri kendi içlerinde değerlendirin.

Gazetelere, romanlara, biyografilere bakınca yine hatırlıyorum ki bir kadın, kadınlara hitap ederken elinde çirkin bir koz bulundurmalı. Kadınlar, kadınlara katı davranıyor. Kadınlar, kadınlardan hoşlanmıyor. Kadınlar... ama siz de bu kelimeden ölesiye sıkılmadınız mı? İnanın ben sıkıldım. O zaman kısaca kabul edelim ki bir kadının kadınlara okuduğu bir yazı özellikle tatsız bir şeylerle bitmeli.

Ama bu nasıl bir şey olacak? Aklıma ne gelecek? Gerçek şu ki kadınları genelde seviyorum. Sıra dışılıklarını seviyorum. Bütünlüklü oluşlarını seviyorum. Anonim oluşlarını. Ayrıca... ama kendimi kaptırmamalıyım. Şuradaki dolap – içinde sadece temiz peçetelerin durduğunu söylüyorsunuz ama ya Sir Archibald Bodkin[1] aralarına gizlendiyse? O zaman müsaadenizle daha sert konuşmaya başlayacağım. Sizlere bu anlatımda insanlığın uyarılarıyla kınamalarını yeterince aktarabildim mi? Mr Oscar Browning'in sizleri ne kadar alçak bulduğunu anlattım. Napoléon'un eskiden hakkınızda ne düşündüğünü, Mussolini'nin de bugün ne düşündüğünü belirttim. Sonra, aranızda kurmaca yazmak isteyen olursa diye eleştirmenin, cinsiyetinizin sınırlarını cesurca kabullenmeniz gerektiğine dair öğüdünü aktardım. Profesör X'e değindim, kadınların akli, ahlaki ve fiziki açıdan erkeklere kıyasla yetersiz oldukları yorumunun altını çizdim. Ben aramadan karşıma çıkan her şeyi size aktardım, işte şimdi de son bir uyarı, Mr John Langdon Davies'ten.[2] Mr John Langdon Davies kadınları uyarıyor, "çocuklar bir daha hiçbir şekilde arzulanmadığında kadınlara da bir daha hiçbir şekilde gerek duyulmayacak." Umarım bunu bir kenara not edersiniz.

Hayata atılmanız için sizi daha nasıl teşvik edebilirim? Genç kadınlar, derim, lütfen dikkatinizi verin zira söylevin sonuna geldik, sizler, benim nazarımda rezil derecede cahilsiniz. Zerre öneme sahip herhangi bir keşif yapmadınız. İmparatorluklar yıkmadınız, savaşlar yönetmediniz. Shakespeare'in oyunlarını sizler yazmadınız, hiç barbar bir ırka medeniyetin nimetlerini tattırmadınız. Kendinizi nasıl savunacaksınız? Kendini trafiğe, ticarete, aşka vermiş siyah, beyaz, kahverengi tenli insanlarla dolu yerkürenin sokaklarını, meydanlarını, ormanlarını gösterip, ama biz başka işlerle meşguldük, demek kolay. Biz olmasaydık o denizler aşılamazdı, o bereketli topraklar çöle

1. Sir Archibald Bodkin (1862-1957), özellikle müstehcen gördüğü edebiyatın yayımlanmasına karşı duruşuyla tanınan avukat. (Ç.N.)
2. *A Short History of Women* (Kadınların Kısa Bir Tarihi), John Langdon Davies.

dönüşürdü. İstatistiklere göre şu an hayatta olan bir milyar altı yüz yirmi üç milyon insanı doğurduk, belki de altı-yedi yaşına kadar büyüttük, yıkadık, eğittik; bazılarının yardım aldığını düşünsek bile takdir edersiniz ki bunların hepsi vakit alıyor.

Dediğiniz doğru – bunu yadsımayacağım. Ama aynı zamanda sizlere hatırlatmak isterim ki İngiltere'de 1866'dan bu yana kadınlar için iki üniversite bulunuyor; 1880'den beri evli bir kadın yasalar doğrultusunda mülk sahibi olabiliyor; 1919'dan beri –ki bu dokuz koca yıl önceydi– kadınlar oy kullanabiliyor. Sizlere aynı zamanda hatırlatmak isterim ki birçok kariyerin kapısı sizlere neredeyse on yıldır açık. Bu olağanüstü imtiyazlar düşünüldüğünde, bu imtiyazlara ne kadar uzun zamandır sahip olduğunuz düşünüldüğünde, şu anda öyle ya da böyle yılda beş yüz pound kazanma gücü olan belki iki bin kadın bulunduğu gerçeği düşünüldüğünde sizler de kabul edeceksiniz ki fırsatlara, eğitime, teşvike, boş vakte ve paraya sahip olmama bahanesi artık geçerli değil. Dahası, ekonomistler bize Mrs Seton'ın çok fazla çocuğunun olduğunu söylüyor. Elbette çocuk yapmaya devam etmelisiniz ama, diyorlar, onar-on ikişer değil, ikişer-üçer.

Böylece, elinizde biraz zamanla, zihninizde kitaplardan edindiğiniz birtakım bilgilerle –bilginin diğer türüne yeterince sahipsiniz, üniversiteye kısmen eğitimsizleşmek için gönderildiğinizi tahmin ediyorum– şüphesiz çok uzun, çok zahmetli, son derece de belirsiz kariyerinizde yeni bir evreye atılabilirsiniz. Ne yapmanız gerektiğini, ne tür izler bırakacağınızı söylemeye hazır binlerce kalem var. Benim önerimin biraz fantastik olduğunu kabul ediyorum; bu yüzden onu kurmaca biçiminde iletmeyi tercih ediyorum.

Sizlere bu makalede Shakespeare'in bir kız kardeşinin olduğunu söyledim ama onu Sir Sidney Lee'nin şairin yaşamını anlattığı kitapta bulamazsınız. O genç yaşta öldü – heyhat, tek bir kelime bile yazmadı. Şimdi Elephant and Castle'ın karşısında, omnibüslerin durduğu yerde yatıyor. Ben tek bir kelime yazmayan, dörtyol ağzında yatan bu şairin hâlâ yaşadığına inanıyorum. Sizlerle benim içimizde yaşıyor, bu akşam bulaşık yıkadıkları ve çocuk yatırdıklarından burada olmayan kadınların içinde yaşıyor. Ama yaşıyor çünkü büyük şairler ölmez, var olmayı sürdürürler, sadece cisimleşerek aramızda dolaşma fırsatına ihtiyaçları vardır. Bu fırsatı artık sizlerin ona verme gücüne sahip olmaya başladığınızı düşünüyorum. Çünkü ben bir yüz yıl kadar daha yaşarsak -bahsettiğim yaşam bireyler olarak kendi içimizde sürdüğümüz küçük, ayrı yaşamlar değil ama gerçek hayat olan ortak yaşam-, her birimizin yılda beş yüz pound geliri ve kendine ait bir odası olursa, özgürlük alışkanlığına ve tam olarak düşündüklerimizi yazma cesaretine sahip olursak, ortak salondan azıcık kaçıp insanları sadece birbirleriyle ilişki içinde değil, aynı zamanda gerçeklikle ilişki içinde görürsek, gökyüzüyle ağaçları ve karşımıza çıkan her neyse onu kendi içinde olduğu gibi görürsek, Milton'ın öcüsünün ötesine bakabilirsek ki bakmalıyız çünkü hiçbir insan önümüzü kapatmamalı, yaslanacak bir omuz olmadığı gerçeğini kabul edersek çünkü bu bir gerçek, aslında hayatta yalnız ilerlediğimizi ve sadece erkekler ve kadınların dünyasıyla değil, aynı zamanda gerçekliğin de dünyasıyla bir alakamız olduğunu kabul edersek, işte o zaman fırsatın geleceğine, Shakespeare'in kız kardeşi olan ölü şairin sık sık çıkarıp bir kenara kaldırmak zorunda olduğu bedeni geri giyeceğine inanıyorum. Tıpkı eskiden ağabeyinin yaptığı gibi, kendinden önce gelen adsız kadınların yaşamlarıyla canına can katarak yeniden doğacak. Biz bu hazırlığı yapmadan, biz bu çabayı sarf etmeden, o yeniden doğduğunda yaşamasını, şiirini yazmasını mümkün kılmayı kafaya koymadan ortaya çıkma ihtimaline gelince, bunu bekleyemeyiz, bu imkânsız olur. Ama bizler onun için çalışırsak geleceğine hâlâ inanıyorum; yoksulluk ve bilinmezlik içinde bile olsa çalışmanın değerli olduğuna da.